最高人民检察院
第十九批指导性案例
适用指引

——·刑罚变更执行检察·——

最高人民检察院第五检察厅　编著

中国检察出版社

《最高人民检察院第十九批指导性案例适用指引》编委会

主　　任：陈国庆

副 主 任：侯亚辉　刘福谦

编　　委：王光月　刘福谦　张书铭　向德超

主　　编：侯亚辉

副 主 编：刘福谦　张书铭

编写人员：薛　芳　楚百军　张　嵩　王洪贵　邢　涛
　　　　　段晓宇　隋　新　刘宪一　胡伯强　张　建
　　　　　李进元　秦晋萍　杨　勇　白　阳　于连学
　　　　　李仲仲　刘晓东　赵　爽　蔡雪嵩　马　翼
　　　　　杜　毅　周　洁　钱旭卿　张军林　郁　勇
　　　　　方国水　杜承熙　姜林浩　施忠华　张文俊
　　　　　林俊和　周洪峰　陈　君　邵伯森　潘　高
　　　　　陈振生　符丽萍　徐　思　汪永凯　张小林
　　　　　段宏旭　周学强　白布奇　向德超　刘灿敏
　　　　　周金霞　张祖严　文　璋

目 录
CONTENTS

第一部分　最高人民检察院第十九批指导性案例

1. 宣告缓刑罪犯蔡某等12人减刑监督案（检例第70号）　　／3
2. 罪犯康某假释监督案（检例第71号）　　／10
3. 罪犯王某某暂予监外执行监督案（检例第72号）　　／17

第二部分　最高人民检察院第十九批指导性案例解读

最高人民检察院第十九批指导性案例解读　　／27
加强刑罚变更执行监督，促进双赢多赢共赢
　　——最高人民检察院第十九批指导性案例理解与适用／40

第三部分　刑事执行检察典型案例及实务指引

1. 北京市清河人民检察院对监狱提请段某某
   减刑不当监督案
   　　——高度重视教育改造材料在印证罪犯认
   罪悔罪方面的作用　　／63

2. 天津市人民检察院第一分院对监狱提请罪
犯蔺某减刑监督案
　　——加强财产性判项执行监督、促进刑罚
　　　执行公平公正　　　　　　　　　　　　/ 69

3. 河北省张家口市人民检察院对监狱提请罪
犯邢某某减刑监督案
　　——加强对监狱计分考核工作监督及时发
　　　现纠正违法违规问题　　　　　　　　/ 76

4. 山西省永济董村地区人民检察院对监狱提
请罪犯黄某某减刑不当监督案
　　——准确适用剩余刑期起算标准以维护法
　　　律适用的严肃公正　　　　　　　　　/ 82

5. 内蒙古小黑河地区人民检察院对监狱提请
罪犯管某某暂予监外执行监督案
　　——依法维护怀孕女性罪犯的合法权益　/ 89

6. 辽宁省抚顺市人民检察院对罪犯刘某暂予
监外执行监督案
　　——加强对罪犯病情鉴定意见审查、及时
　　　准确发现违法及不当暂予监外执行　　/ 96

7. 辽宁省沈阳市城郊地区人民检察院对人民
法院不当裁定罪犯屈某某减刑监督案
　　——充分发挥巡回检察作用发现执法司法漏洞　/ 102

8. 吉林省吉林市城西地区人民检察院对监狱
提请涉黑涉恶罪犯刘某某减刑不当的监督
　　——从严掌握涉黑涉恶罪犯减刑条件、助
　　　推扫黑除恶专项斗争　　　　　　　　/ 109

9. 黑龙江省人民检察院对罪犯张某某隐瞒财
产刑履行能力的减刑监督案
　　——注重财产性判项执行情况在减刑监督
　　　中的重要作用　　　　　　　　　　　/ 116

目 录

10. 上海市沪西地区人民检察院对监狱提请罪犯王某某减刑不当监督案
——加强对减刑证据材料的实质性细节审查 / 121

11. 江苏省盱眙县人民检察院对人民法院未决定罪犯邓某某暂予监外执行不当监督案
——加强对法院未依职启动暂予监外执行审查的监督 / 127

12. 浙江省余杭临平地区人民检察院对监狱提请罪犯束某某等20人假释不当监督案
——积极推动对假释适用法律要件达成共识 / 132

13. 浙江省衢州市三衢地区人民检察院对监狱不提请罪犯谷某某减刑监督案
——以监督价值取向与法理相结合执行法律规定 / 137

14. 福建省宁德市人民检察院对涉黑涉恶罪犯张某某减刑监督案
——从严把握涉黑涉恶罪犯减刑幅度 / 145

15. 江西省南昌长埈地区人民检察院对监狱违规提请罪犯李某某减刑监督案
——从入监教育计分考核入手监督规范入监教育工作 / 151

16. 湖北省荆门市沙洋地区人民检察院对监狱提请罪犯朱某某减刑不当监督案
——以重点监督和繁简分流实现司法公正与效率的有机统一 / 157

17. 湖南省岳阳市荆剑地区人民检察院对监狱提请罪犯邓某减刑不当监督案
——监督监狱移送罪犯提请减刑期间违规材料确保刑罚变更执行准确恰当 / 163

18. 广西柳州市露塘地区人民检察院对监狱提请罪犯梁某某等人减刑不当监督案
——依法监督纠正刑罚执行机关适用法律错误，保障在押人员合法权益 / 175

19. 海南省人民检察院对监狱提请罪犯姚某减
    刑不当监督案
    ——精准监督计分考核确保执行公示 / 181

20. 重庆市人民检察院第二分院对人民法院对
    罪犯邢某某不予减刑裁定监督案
    ——注重运用调查核实手段充分维护罪犯
    合法权益 / 189

21. 宁夏石嘴山市红果子地区人民检察院对监
    狱提请罪犯陆某某减刑不当监督案
    ——从严把握"三类罪犯"减刑条件依法
    监督纠正违规报请减刑 / 195

22. 新疆阿勒泰市人民检察院对罪犯吴某某暂
    予监外执行监督案
    ——关注暂予监外执行罪犯交付执行环节、
    紧盯违法违规背后职务犯罪线索 / 202

附录 刑事执行检察主要法律文件规范

一、中华人民共和国刑事诉讼法（节录） / 211

二、人民检察院刑事诉讼规则（节录） / 216

三、人民检察院办理减刑、假释案件规定 / 231

四、人民检察院监狱检察办法 / 236

五、最高人民检察院关于对职务犯罪罪犯减刑、
    假释、暂予监外执行案件实行备案审查的规定 / 249

六、最高人民法院关于办理减刑、假释案件具体
    应用法律的规定 / 252

第一部分

最高人民检察院
第十九批指导性案例

宣告缓刑罪犯蔡某等 12 人减刑监督案

（检例第 70 号）

关键词

缓刑罪犯减刑　持续跟进监督　地方规范性文件法律效力　最终裁定纠正违法意见

要旨

对于判处拘役或者三年以下有期徒刑并宣告缓刑的罪犯，在缓刑考验期内确有悔改表现或者有一般立功表现，一般不适用减刑。在缓刑考验期内有重大立功表现的，可以参照刑法第七十八条的规定予以减刑。人民法院对宣告缓刑罪犯裁定减刑适用法律错误的，人民检察院应当依法提出纠正意见。人民法院裁定维持原减刑裁定的，人民检察院应当继续予以监督。

基本案情

罪犯蔡某，女，1966 年 9 月 6 日出生，因犯受贿罪于 2009 年 12 月 22 日被江苏省南京市雨花台区人民法院判处有期徒刑三年，缓刑四年，缓刑考验期自 2010 年 1 月 4 日起至 2014 年 1

月 3 日止。另有罪犯陈某某、丁某某、胡某等 11 人分别因犯故意伤害、盗窃、诈骗等罪被人民法院判处有期徒刑并宣告缓刑。上述 12 名缓刑罪犯，分别在南京市的 7 个市辖区接受社区矫正。

2013 年 1 月，南京市司法局以蔡某等 12 名罪犯在社区矫正期间确有悔改表现为由，向南京市中级人民法院提出减刑建议。2013 年 2 月 7 日，南京市中级人民法院以蔡某等 12 名罪犯能认罪服法、遵守法律法规和社区矫正相关规定、确有悔改表现为由，依照刑法第七十八条规定，分别对上述罪犯裁定减去六个月、三个月不等的有期徒刑，并相应缩短缓刑考验期。

检察机关监督情况

（一）线索发现

2014 年 8 月，南京市人民检察院在开展减刑、假释、暂予监外执行专项检察活动中发现，南京市中级人民法院对 2014 年 8 月之前作出的部分减刑、假释裁定，未按法定期限将裁定书送达南京市人民检察院，随后依法提出书面纠正意见。南京市中级人民法院接受监督意见，将减刑、假释裁定书送达南京市人民检察院。南京市人民检察院通过将减刑、假释裁定书与辖区内在押人员信息库和社区矫正对象信息库进行逐一比对，发现南京市中级人民法院对蔡某等 12 名缓刑罪犯裁定减刑可能不当。

（二）调查核实

为查明蔡某等 12 名缓刑罪犯是否符合减刑条件，南京市人民检察院牵头，组织有关区人民检察院联合调查，调取了蔡某等

12名罪犯在社区矫正期间的原始档案材料，并实地走访社区矫正部门、基层街道社区，了解相关罪犯在社区矫正期间实际表现、奖惩、有无重大立功表现等情况。经调查核实，蔡某等12名缓刑罪犯，虽然在社区矫正期间能够认罪服法，认真参加各类矫治活动，按期报告法定事项，受到多次表扬，均确有悔改表现，但是均无重大立功表现。

（三）监督意见

南京市人民检察院经审查认为，南京市中级人民法院对没有重大立功表现的缓刑罪犯裁定减刑，违反了《最高人民法院关于办理减刑、假释案件具体应用法律若干问题的规定》第十三条"判处拘役或者三年以下有期徒刑并宣告缓刑的罪犯，一般不适用减刑。前款规定的罪犯在缓刑考验期限内有重大立功表现的，可以参照刑法第七十八条的规定，予以减刑，同时应依法缩减其缓刑考验期限。拘役的缓刑考验期限不能少于二个月，有期徒刑的缓刑考验期限不能少于一年"的规定，依法应当予以纠正。2014年10月14日南京市人民检察院向南京市中级人民法院分别发出12份《纠正不当减刑裁定意见书》。南京市中级人民法院重新组成合议庭对上述案件进行审理，2014年12月4日作出了维持对蔡某等12名罪犯减刑的刑事裁定。主要理由是，依据2004年、2006年江苏省、南京市两级人民法院、人民检察院、公安机关、司法行政机关先后制定的有关社区矫正规范性文件的有关规定，蔡某等12名罪犯在社区矫正期间受到多次表扬，确有悔改表现，可以给予减刑，因此原刑事裁定并无不当。经再次审查，南京市人民检察院认为南京市中级人民法院的刑事裁定仍违反法律规定，于2014年12月24日向该院发出《纠正违法通知书》，要求该院纠正。2015年1月8日，南京市中级人民法院重新另行组成合议庭对上述案件进行了审理；南京市人民检察院依法派员出庭，宣读了《纠正违法通知书》，发表了检察意见；南京市司法局作为提请减刑的机关，派员出庭发表意见，认为在社区矫正试点期间，为了调动社区矫正对象接受矫正积极性，江苏省、南京市有关部门先后制定规范性文件，规定对获得多次表扬的社区矫正对象可以给予减刑。这些规范性文件目前还没有废止，可以作为减刑的依据。出庭检察人员指出，2012年3月1日实施的《社区矫正实施办法》明确规定，符合法定减刑条件是为社区矫正人员办理减刑的前提，因此，对缓刑罪犯减刑应当适用法律和司法解释的规定，不应当适用与法律和司法解释相冲突的地方规范性文件。

（四）监督结果

2015年1月21日，南京市中级人民法院重新作出刑事裁定，同意南京市人民检察院的纠正意见，认定对蔡某等12名缓刑罪犯作出的原减刑裁定、原再审减刑裁定，系适用法律错误，分别裁定撤销原减刑裁定、原再审减刑裁定，对蔡某等12名缓刑罪犯不予减刑，剩余缓刑考验期继续执行。裁定生效后，南京市中级人民法院及时将法律文书交付执行机关执行，蔡某等12名罪犯在法定期限内到原区司法局报到，接受社区矫正。

指导意义

1. 人民法院减刑裁定适用法律错误，人民检察院应当依法监督纠正。人民检察院在办理减刑、假释案件时，应准确把握法院减刑、假释裁定所依据规范性文件。对于地方人民法院、人民检察院制定的司法解释性文件，应当根据《最高人民法院、最高人民检察院关于地方人民法院、人民检察院不得制定司法解释性质文件的通知》予以清理。人民法院依据地方人民法院、人民检察院制定的司法解释性文件作出裁定的,属于适用法律错误,人民检察院应当依法向人民法院提出书面监督纠正意见,监督人民法院重新组成合议庭进行审理。

2. 人民法院对没有重大立功表现的缓刑罪犯裁定减刑的,人民检察院应当予以监督纠正。减刑、假释是我国重要的刑罚执行制度,不符合法定条件和非经法定程序,不得减刑、假释。根据有关法律和司法解释的规定,判处拘役或者三年以下有期徒刑并宣告缓刑的罪犯,一般不适用减刑;在缓刑考验期限内有重大立功表现的,可以参照刑法第七十八条的规定,予以减刑。因此,对缓刑罪犯适用减刑的法定条件是在缓刑考验期限内有重大立功表现。根据社区矫正的有关规定,人民检察院依法对社区矫正工作实行法律监督,发现社区矫正机构对宣告缓刑的罪犯向人民法院提出减刑建议不当的,应当依法提出纠正意见;发现人民法院对于确有悔改表现或者有一般立功表现但没有重大立功表现的缓刑罪犯裁定减刑的,应当依法向人民法院发出《纠正不当减刑裁定意见书》,申明监督理由、依据和意见,监督人民法院重新组成合议庭进行审理并作出最终裁定。

3. 人民检察院发现人民法院已经生效的减刑、假释裁定仍有错误的,应当继续向人民法院提出书面纠正意见。人民检察院对人民法院减刑、假释的裁定提出纠正意见后,应当监督人民法院在收到纠正意见后一个月内重新组成合议庭进行审理,并监督人民法院重新作出的裁定是否符合法律规定。人民法院重新作出的裁定仍不符合法律规定的,人民检察院应当继续向人民法院提出纠正意见,提请人民法院按照审判监督程序依法另行组成合议庭重新审理并作出裁定。对人民法院仍然不采纳纠正意见的，人民检察院应当提请上级人民检察院继续监督。

相关规定

1.《中华人民共和国刑法》第七十八条

被判处管制、拘役、有期徒刑、无期徒刑的犯罪分子，在执行期间，如果认真遵守监规，接受教育改造，确有悔改表现的，或者有立功表现的，可以减刑；有下列重大立功表现之一的，应当减刑：

（一）阻止他人重大犯罪活动的；

（二）检举监狱内外重大犯罪活动，经查证属实的；

（三）有发明创造或者重大技术革新的；

（四）在日常生产、生活中舍己救人的；

（五）在抗御自然灾害或者排除重大事故中，有突出表现的；

（六）对国家和社会有其他重大贡献的。

减刑以后实际执行的刑期不能少于下列期限：

（一）判处管制、拘役、有期徒刑的，不能少于原判刑期的二分之一；

（二）判处无期徒刑的，不能少于十三年；

（三）人民法院依照本法第五十条第二款规定限制减刑的死刑缓期执行的犯罪分子，缓期执行期满后依法减为无期徒刑的，不能少于二十五年，缓期执行期满后依法减为二十五年有期徒刑的，不能少于二十年。

2. 《最高人民法院关于办理减刑、假释案件具体应用法律若干问题的规定》第十三条

判处拘役或者三年以下有期徒刑并宣告缓刑的罪犯,一般不适用减刑。

前款规定的罪犯在缓刑考验期限内有重大立功表现的,可以参照刑法第七十八条的规定,予以减刑,同时应依法缩减其缓刑考验期限。拘役的缓刑考验期限不能少于二个月,有期徒刑的缓刑考验期限不能少于一年。

3. 《人民检察院刑事诉讼规则》第六百四十一条

人民检察院对人民法院减刑、假释的裁定提出纠正意见后,应当监督人民法院是否在收到纠正意见后一个月以内重新组成合议庭进行审理,并监督重新作出的裁定是否符合法律规定。对最终裁定不符合法律规定的,应当向同级人民法院提出纠正意见。

4. 《社区矫正实施办法》第二十八条

社区矫正人员符合法定减刑条件的,由居住地县级司法行政机关提出减刑建议书并附相关证明材料,经地(市)级司法行政机关审核同意后提请社区矫正人员居住地的中级人民法院裁定。人民法院应当自收到之日起一个月内依法裁定;暂予监外执行罪犯的减刑,案情复杂或者情况特殊的,可以延长一个月。司法行政机关减刑建议书和人民法院减刑裁定书副本,应当同时抄送社区矫正人员居住地同级人民检察院和公安机关。

罪犯康某假释监督案

（检例第71号）

关键词

未成年罪犯　假释适用　帮教

要旨

人民检察院办理未成年罪犯减刑、假释监督案件，应当比照成年罪犯依法适当从宽把握假释条件。对既符合法定减刑条件又符合法定假释条件的，可以建议刑罚执行机关优先适用假释。审查未成年罪犯是否符合假释条件时，应当结合犯罪的具体情节、原判刑罚情况、刑罚执行中的表现、家庭帮教能力和条件等因素综合认定。

基本案情

罪犯康某，男，1999年9月29日出生，汉族，初中文化。2016年12月23日因犯抢劫罪被河南省安阳市中级人民法院终审判处有期徒刑三年，并处罚金人民币1000元，刑期至2018年11月13日。康某因系未成年罪犯，于2017年1月20日被交付到河南省郑州未成年犯管教所执行刑罚。2018年6月，郑州未成年犯管教所在办理减刑过程中，认定康某认真遵守监规，接受教育改造，确有悔改表现，拟对其提请减刑。

检察机关监督情况

（一）线索发现

2018年6月，郑州未成年犯管教所就罪犯康某提请减刑征求检察机关意见，郑州市人民检察院审查认为，康某符合法定减刑条件，同时符合法定假释条件，依据相关司法解释规定可以优先适用假释。与对罪犯适用减刑相比，假释更有利于促进罪犯教育改造和融入社会。

（二）调查核实

为了确保监督意见的准确性，派驻检察室根据假释的条件重点开展了以下调查核实工作：一是对康某改造表现进行考量。通过询问罪犯、监管民警及相关人员，查阅计分考核材料，认定康某在服刑期间确有悔改表现。二是对康某原判犯罪情节进行考量。通过审查案卷材料，查明康某虽系抢劫犯罪，但其犯罪时系在校学生，犯罪情节较轻，且罚金刑已履行完毕。三是对康某假释后是否具有再犯罪危险进行考量。结合司法局出具的"关于对康某适用假释调查评估意见书"，走访调取了康某居住地村支书、邻居等人的证言，证实康某犯罪前表现良好，无犯罪前科和劣迹，且上述人员均愿意协助监管帮教康某。四是对康某家庭是否具有监管条件和能力进行考量。通过走访康某原在校班主任，其证实康某在校期间系班干部，学习刻苦，乐于助人，无违反校规校纪情况；康某的父母职业稳定，认识到康某所犯罪行的社会危险性，对康某假释后监管帮教有明确可行的措施和计划。

（三）监督意见

2018年6月26日，郑州市人民检察院提出对罪犯康某依法提请假释的检察意见。郑州未成年犯管教所接受检察机关的意见，于2018年6月28日向郑州市中级人民法院提请审核裁定。为增强假释庭审效果，督促罪犯父母协助落实帮教措施，郑州市人民检察院提出让康某的父母参加假释庭审的建议并被郑州市中级人民法院采纳。

（四）监督结果

2018年7月27日，郑州市中级人民法院在郑州未成年犯管教所开庭审理罪犯康某假释案。庭审中，检察人员发表了依法对康某假释的检察意见，对康某成长经历、犯罪轨迹、性格特征、原判刑罚执行、假释后监管条件和帮教措施等涉及康某假释的问题进行了说明。康某的父母以及郑州未成年犯管教所百余名未成年服刑罪犯旁听了庭审，康某父母检讨了在教育孩子问题上的不足并提出了假释后的家庭帮教措施，百余名未成年罪犯受到了很好的法制教育。2018年7月30日，郑州市中级人民法院依法对罪犯康某裁定假释。

指导意义

1. 罪犯既符合法定减刑条件又符合法定假释条件的，可以优先适用假释。减刑、假释都是刑罚变更执行的重要方式，与减刑相比，假释更有利于维护裁判的权威和促进罪犯融入社会、预防罪犯再犯罪。目前，世界其他法治国家多数是实行单一假释制度或者是假释为主、减刑为辅的刑罚变更执行制度。但在我国司法实践中，减刑、假释适用不平衡，罪犯减刑比例一般在百分之二十多，假释比例只有百分之一左右，假释适用率低。人民检察院在办理减刑、假释案件时，应当充分发挥减刑、假释制度的不同价值功能，对既符合法定减刑条件又符合法定假释条件的罪犯，可以建议刑罚执行机关提请人民法院优先适用假释。

2. 对犯罪时未满十八周岁的罪犯适用假释可以依法从宽掌握，综合各种因素判断罪犯是否符合假释条件。人民检察院办理犯罪时未满十八周岁的罪犯假释案件，应当综合罪犯犯罪情节、原判刑罚、服刑表现、身心特点、监管帮教等因素依法从宽掌握。特别是对初犯、偶犯和在校学生等罪犯，假释后其家庭和社区具有帮教能力和条件的，可以建议刑罚执行机关和人民法院依法适用假释。对罪犯"假释后有无再犯罪危险"的审查判断，人民检察院应当根据相关法律和司法解释的规定，结合未成年罪犯犯罪的具体情节、原判刑罚情况，其在刑罚执行中的一贯表现、帮教条件（包括其身体状况、性格特征、被假释后生活来源以及帮教环境等因素）综合考虑。

3. 对犯罪时未满十八周岁的罪犯假释案件，人民检察院可以建议罪犯的父母参加假释庭审。将未成年人罪犯父母到庭制度引入假释案件审理中，有助于更好地调查假释案件相关情况，客观准确地适用法律，保障罪犯的合法权益，督促罪犯假释后社会帮教责任的落实，有利于发挥司法机关、家庭和社会对罪犯改造帮教的合力作用，促进罪犯的权益保护和改造教育，实现办案的政治效果、法律效果和社会效果的有机统一。

4. 人民检察院应当做好罪犯监狱刑罚执行和社区矫正法律

监督工作的衔接，继续加强对假释的罪犯社区矫正活动的法律监督。监狱罪犯被裁定假释实行社区矫正后，检察机关应当按照社区矫正的有关规定，监督有关部门做好罪犯的交付、接收等工作，并应当做好对社区矫正机构对罪犯社区矫正活动的监督，督促社区矫正机构对罪犯进行法治、道德等方面的教育，组织其参加公益活动，增强其法治观念，提高其道德素质和社会责任感，帮助其融入社会，预防和减少犯罪。

相关规定

1. 《中华人民共和国刑法》第八十一条

被判处有期徒刑的犯罪分子，执行原判刑期二分之一以上，被判处无期徒刑的犯罪分子，实际执行十三年以上，如果认真遵守监规，接受教育改造，确有悔改表现，没有再犯罪的危险的，可以假释。如果有特殊情况，经最高人民法院核准，可以不受上述执行刑期的限制。

对累犯以及因故意杀人、强奸、抢劫、绑架、放火、爆炸、投放危险物质或者有组织的暴力性犯罪被判处十年以上有期徒刑、无期徒刑的犯罪分子，不得假释。

对犯罪分子决定假释时，应当考虑其假释后对所居住社区的影响。

2. 《中华人民共和国刑法》第八十二条

对于犯罪分子的假释，依照本法第七十九条规定的程序进行。非经法定程序不得假释。

3. 《中华人民共和国刑事诉讼法》第二百七十三条

罪犯在服刑期间又犯罪的，或者发现了判决的时候所没有发现的罪行，由执行机关移送人民检察院处理。

被判处管制、拘役、有期徒刑或者无期徒刑的罪犯，在执行期间确有悔改或者立功表现，应当依法予以减刑、假释的时候，由执行机关提出建议书，报请人民法院审核裁定，并将建议书副本抄送人民检察院。人民检察院可以向人民法院提出书面意见。

4.《中华人民共和国刑事诉讼法》第二百七十四条

人民检察院认为人民法院减刑、假释的裁定不当，应当在收到裁定书副本后二十日以内，向人民法院提出书面纠正意见。人民法院应当在收到纠正意见后一个月以内重新组成合议庭进行审理，作出最终裁定。

5.《中华人民共和国未成年人保护法》第五十条

公安机关、人民检察院、人民法院以及司法行政部门，应当依法履行职责，在司法活动中保护未成年人的合法权益。

6.《中华人民共和国预防未成年人犯罪法》第四十七条

未成年人的父母或者其他监护人和学校、城市居民委员会、农村村民委员会、对因不满十六周岁而不予刑事处罚、免予刑事处罚的未成年人，或者被判处非监禁刑罚、被判处刑罚宣告缓刑、被假释的未成年人，应当采取有效的帮教措施，协助司法机关做好对未成年人的教育、挽救工作。

城市居民委员会、农村村民委员会可以聘请思想品德优秀，作风正派，热心未成年人教育工作的离退休人员或其他人员协助做好对前款规定的未成年人的教育、挽救工作。

7.《最高人民法院关于办理减刑、假释案件具体应用法律的规定》第二十六条

对下列罪犯适用假释时可以依法从宽掌握：

（一）过失犯罪的罪犯、中止犯罪的罪犯、被胁迫参加犯罪

的罪犯；

（二）因防卫过当或者紧急避险过当而被判处有期徒刑以上刑罚的罪犯；

（三）犯罪时未满十八周岁的罪犯；

（四）基本丧失劳动能力、生活难以自理，假释后生活确有着落的老年罪犯、患严重疾病罪犯或者身体残疾罪犯；

（五）服刑期间改造表现特别突出的罪犯；

（六）具有其他可以从宽假释情形的罪犯。

罪犯既符合法定减刑条件，又符合法定假释条件的，可以优先适用假释。

罪犯王某某暂予监外执行监督案

（检例第72号）

关键词

暂予监外执行监督　徇私舞弊　不计入执行刑期　贿赂技术性证据的审查

要旨

人民检察院对违法暂予监外执行进行法律监督时，应当注意发现和查办背后的相关司法工作人员职务犯罪。对司法鉴定意见、病情诊断意见的审查，应当注重对其及所依据的原始资料进行重点审查。发现不符合暂予监外执行条件的罪犯通过非法手段暂予监外执行的，应当依法监督纠正。办理暂予监外执行案件时，应当加强对鉴定意见等技术性证据的联合审查。

基本案情

罪犯王某某，男，1966年4月3日出生，个体工商户。2010年9月16日，因犯保险诈骗罪被辽宁省营口市站前区人民法院判处有期徒刑五年，并处罚金人民币十万元。

罪犯王某某审前未被羁押但被判处实刑，交付执行过程中，罪犯王某某及其家属以其身体有病为由申请暂予监外执行，法院随后启动保外就医鉴定工作。2011年5月17日，营口市站前区人民法院依据营口市中医院司法鉴定所出具的罪犯疾病伤残司法鉴定书，因罪犯王某某患"2型糖尿病""脑梗塞"，符合《罪犯保外就医疾病伤残范围》（司发〔1990〕247号）第十条规定，决定对其暂予监外执行一年。一年期满后，经社区矫正机构提示和检察机关督促，法院再次启动暂予监外执行鉴定工作，委托营口市中医院司法鉴定所进行鉴定。期间，营口市中医院司法鉴定所被上级主管部门依法停业整顿，未能及时出具鉴定意见书。2014年7月29日，营口市站前区人民法院依据营口市中医院司法鉴定所出具的罪犯疾病伤残司法鉴定书，以罪犯王某某患有"高血压病3期，极高危""糖尿病合并多发性脑梗塞"，符合《罪犯保外就医疾病伤残范围》第三条、第十条规定，决定对其暂予监外执行一年。

2015年1月16日，营口市站前区人民法院因罪犯王某某犯保险诈骗犯罪属于"三类罪犯"、所患疾病为"高血压"，依据2014年12月1日起施行的《暂予监外执行规定》，要求该罪犯提供经诊断短期内有生命危险的证明。罪犯王某某因无法提供上述证明被营口市站前区人民法院决定收监执行剩余刑期有期徒刑三年，已经暂予监外执行的两年计入执行刑期。2015年9月8日，罪犯王某某被交付执行刑罚。

检察机关监督情况

（一）线索发现

2016年3月，辽宁省营口市人民检察院在对全市两级法院决定暂予监外执行案件进行检察中发现，营口市站前区人民法院对罪犯王某某决定暂予监外执行所依据的病历资料、司法鉴定书等证据材料有诸多疑点，于是调取了该罪犯的法院暂予监外执行卷宗、社区矫正档案、司法鉴定档案等。经审查发现：罪犯王某某在进行司法鉴定时，负责对其进行查体的医生与本案鉴定人不是同一人，卷宗材料无法证实鉴定人是否见过王某某本人；罪犯王某某2011年5月17日、2014年7月29日两次得到暂予监外执行均因其患有"脑梗塞"，但两次司法鉴定中均未做过头部CT检查。

（二）立案侦查

营口市人民检察院经审查认为，罪犯王某某暂予监外执行过程中有可能存在违纪或违法问题，依法决定对该案进行调查核实。检察人员调取了罪犯王某某在营口市中心医院的住院病历等书证与鉴定档案等进行比对，协调监狱对罪犯王某某重新进行头部CT检查，对时任营口市中医院司法鉴定所负责人赵某、营口市中级人民法院技术科科长张某及其他相关人员进行询问。经过调查核实，检察机关基本查明了罪犯王某某违法暂予监外执行的事实，认为相关工作人员涉嫌职务犯罪。2016年4月10日，营口市人民检察院以营口市中级人民法院技术科科长张某、营口市中医院司法鉴定所负责人赵某涉嫌徇私舞弊暂予监外执行犯罪，依法对其立案侦查。经侦查查明：2010年12月至2013年5月，张某在任营口市中级人民法院技术科科长期间，受罪犯王某某亲友等人请托，在明知罪犯王某某不符合保外就医条件的情况下，利用其负责鉴定业务对外进行委托的职务便利，两次指使营口市中医院司法鉴定所负责人赵某为罪犯王某某作出虚假的符合保外就医条件的罪犯疾病伤残司法鉴定意见。赵某在明知王某某不符合保外就医条件的情况下，违规签发了罪犯王某某因患"糖尿病合并脑梗塞"、符合保外就医条件的司法鉴定书，导致罪犯王某某先后两次被法院决定暂予监外执行。期间，张某收受罪犯王某某亲友给付好处费人民币五万元，赵某收受张某给付的好处费人民币七千元。同时，检察机关注意到罪犯王某某的亲友为帮助王某某违法暂予监外执行，向营口市中级人民法院技术科科长张某等人行贿，但综合考虑相关情节和因素后，检察机关当时决定不立案追究其刑事责任。

（三）监督结果

案件侦查终结后，检察机关以张某构成受贿罪、徇私舞弊暂予监外执行罪，赵某构成徇私舞弊暂予监外执行罪，依法向人民法院提起公诉。2017年5月27日，人民法院以张某犯受贿罪、徇私舞弊暂予监外执行罪，赵某犯徇私舞弊暂予监外执行罪，对二人定罪处罚。

判决生效后，检察机关依法向营口市站前区人民法院发出《纠正不当暂予监外执行决定意见书》，提出罪犯王某某在不符合保外就医条件的情况下，通过他人贿赂张某、赵某等人谋取了虚假的疾病伤残司法鉴定意见；营口市站前区人民法院依据虚假鉴定意见作出的暂予监外执行决定显属不当，建议法院依法纠正2011年5月17日和2014年7月29日对罪犯王某某作出的两次不当暂予监外执行决定。

营口市站前区人民法院采纳了检察机关的监督意见，作出《收监执行决定书》，认定"罪犯王某某贿赂司法鉴定人员，被二次鉴定为符合暂予监外执行条件，人民法院以此为依据决定对其暂予监外执行合计二年，上述二年暂予监外执行期限不计入已执行刑期。"后罪犯王某某被收监再执行有期徒刑二年。

指导意义

1. 人民检察院对暂予监外执行进行法律监督时，应注重发现和查办违法暂予监外执行背后的相关司法工作人员职务犯罪案件。实践中，违法暂予监外执行案件背后往往隐藏着司法腐败。因此，检察机关在监督纠正违法暂予监外执行的同时，应当注意发现和查办违法监外执行背后存在的相关司法工作人员职务犯罪案件，把刑罚变更执行法律监督与职务犯罪侦查工作相结合，以监督促侦查，以侦查促监督，不断提升法律监督质效。在违法暂予监外执行案件中，一些罪犯亲友往往通过贿赂相关司法工作人员等手段，帮助罪犯违法暂予监外执行，这是违法暂予监外执行中较为常见的一种现象，对于情节严重的，应当依法追究其刑事责任。

2. 对司法鉴定意见、病情诊断意见的审查，应当注重对其及所依据的原始资料进行重点审查。检察人员办理暂予监外执行监督案件时，应当在审查鉴定意见、病情诊断的基础上，对鉴定意见、病情诊断所依据的原始资料进行重点审查，包括罪犯以往就医病历资料、病情诊断所依据的体检记录、住院病案、影像学报告、检查报告单等，判明原始资料以及鉴定意见和病情诊断的真伪、资料的证明力、鉴定人员的资质、产生资料的程序等问题，以及是否能够据此得出鉴定意见、病情诊断所阐述的结论性意见，相关鉴定部门及鉴定人的鉴定行为是否合法有效等。经审查发现疑点的应进行调查核实，可以邀请有专门知识的人参加。同时，也可以视情况要求有关部门重新组织或者自行组织诊断、检查或者鉴别。

3. 办理暂予监外执行案件时，应当加强对鉴定意见等技术性证据的联合审查。司法实践中,负责直接办理暂予监外执行监督案件的刑事执行检察人员一般缺乏专业性的医学知识,为确保检察意见的准确性,刑事执行检察人员在办理暂予监外执行监督案件时,应当委托检察技术人员对鉴定意见等技术性证据进行审查,检察技术人员应当协助刑事执行检察人员审查或者组织审查案件中涉及的鉴定意见等技术性证据。刑事执行检察人员可以将技术性证据审查意见作为审查判断证据的参考,也可以作为决定重新鉴定、补充鉴定或提出检察建议的依据。

相关规定

1. 《中华人民共和国刑法》第四百零一条

司法工作人员徇私舞弊,对不符合减刑、假释、暂予监外执行条件的罪犯,予以减刑、假释或者暂予监外执行的,处三年以下有期徒刑或者拘役;情节严重的,处三年以上七年以下有期徒刑。

2. 《中华人民共和国刑事诉讼法》第二百六十七条

决定或者批准暂予监外执行的机关应当将暂予监外执行决定抄送人民检察院。人民检察院认为暂予监外执行不当的,应当自接到通知之日起一个月以内将书面意见送交决定或者批准暂予监外执行的机关,决定或者批准暂予监外执行的机关接到人民检察院的书面意见后,应当立即对该决定进行重新核查。

3. 《中华人民共和国刑事诉讼法》第二百六十八条

对暂予监外执行的罪犯,有下列情形之一的,应当及时收监:(一)发现不符合暂予监外执行条件的;(二)严重违反有关暂予监外执行监督管理规定的;(三)暂予监外执行的情形消失后，罪犯刑期未满的。对于人民法院决定暂予监外执行的罪犯应当予以收监的，由人民法院作出决定，将有关的法律文书送达公安机关、监狱或者其他执行机关。不符合暂予监外执行条件的罪犯通过贿赂等非法手段被暂予监外执行的，在监外执行的期间不计入执行刑期。罪犯在暂予监外执行期间脱逃的，脱逃的期间不计入执行刑期。罪犯在暂予监外执行期间死亡的，执行机关应当及时通知监狱或者看守所。

4.《暂予监外执行规定》第二十九条

人民检察院发现暂予监外执行的决定或者批准机关、监狱、看守所、社区矫正机构有违法情形的，应当依法提出纠正意见。

5.《暂予监外执行规定》第三十条

人民检察院认为暂予监外执行不当的，应当自接到决定书之日起一个月以内将书面意见送交决定或者批准暂予监外执行的机关，决定或者批准暂予监外执行的机关接到人民检察院的书面意见后，应当立即对该决定进行重新核查。

6.《暂予监外执行规定》第三十一条

人民检察院可以向有关机关、单位调阅有关材料、档案，可以调查、核实有关情况，有关机关、单位和人员应当予以配合。人民检察院认为必要时，可以自行组织或者要求人民法院、监狱、看守所对罪犯重新组织进行诊断、检查或者鉴别。

7.《暂予监外执行规定》第三十二条

在暂予监外执行执法工作中，司法工作人员或者从事诊断、检查、鉴别等工作的相关人员有玩忽职守、徇私舞弊、滥用职权等违法违纪行为的，依法给予相应的处分；构成犯罪的，依法追究刑事责任。

第二部分

最高人民检察院
第十九批指导性案例解读

最高人民检察院第十九批指导性案例解读[*]

候亚辉　刘福谦　向德超[**]

2020年6月3日,最高人民检察院发布了第十九批指导性案例,包括宣告缓刑罪犯蔡某等12人减刑监督案、罪犯康某假释监督案和罪犯王某某暂予监外执行监督案共3件指导性案例(检例第70—72号)。这是检察机关第一次发布以刑罚变更执行检察为主题的指导性案例。为准确理解适用指导性案例,现就案例涉及的主要问题进行解读。

一、发布第十九批指导性案例的背景和意义

刑罚执行作为刑事司法活动的最后环节,事关刑事司法功能的实现,事关国家政治安全和社会和谐稳定。依法对刑罚执行活动实行法律监督是检察机关的一项重要职责。减刑、假释、暂予监外执行(以下简称"减假暂")是我国重要的刑罚执行制度,也是司法实践中容易滋生腐败、产生执法司法不公的重点环节,党中央高度重视,社会普遍关注。近年来,全国各级检察机关以习近平新时代中国特色社会主义思想为指导,深入贯彻党中央关于刑罚变更执行及法律监督工作的重要精神,牢固树立践行总体

---

[*] 本文原载于《人民检察》2020年第7期。
[**] 候亚辉,最高人民检察院第五检厅厅长;刘福谦,最高人民检察院第五厅副厅长;向德超,最高人民检察院研究室三级高级检察官助理。

国家安全观，在各级党委的坚强领导下，与刑罚执行机关、人民法院既分工配合又相互制约，全面加强对"减假暂"活动提请、审理、裁决、执行等各个环节的同步监督，尤其是加强对职务犯罪罪犯等重点罪犯刑罚变更执行的法律监督，严格把握其"减假暂"的实体条件和程序要求，严格落实职务犯罪罪犯"减假暂"备案审查制度，监督纠正了一批"有权人""有钱人"刑罚变更执行不规范案件。注重加强与司法行政机关、人民法院的协作配合，依法推进假释适用，大力推进刑罚变更执行信息化建设，建立健全刑罚变更执行与法律监督工作机制，在执法司法实践中切实落实好总体国家安全观。同时，坚持纠正违法与查办职务犯罪相结合，严肃查办违法"减假暂"背后的相关职务犯罪案件，确保刑罚变更执行的公平、公正。为了进一步总结各地检察机关在刑罚变更执行检察工作中一些好的经验做法，充分发挥指导性案例的示范、引领作用，指导各地检察机关进一步规范和加强刑罚变更执行法律监督工作，最高检发布第十九批以刑罚变更执行检察为主题的指导性案例。

这批指导性案例共3个，总体来看，有以下三个特点：一是体现了履行职责的特点。与检察机关办理批捕、公诉案件相比，办理"减假暂"案件对事实认定、法律适用的争议相对较少，但比较突出的关键特点在于，审查发现问题后如何进行调查核实和监督纠正。因此，需要通过对"减假暂"案件从事实上和程序上进行审查，明确开展检察工作的具体方法、步骤，指明容易发生问题的关键环节，督促刑罚执行机关和审判机关进一步规范执法司法工作，实现法律监督工作和刑罚执行工作的双赢多赢共赢。二是涵盖了监督办案的范围。目前，我国的刑罚执行主体较多，有人民法院、公安机关（看守所）、司法行政机关（监狱、社区矫正机构）等，刑罚变更执行活动涉及提请、审理、裁定、执行等多个环节。因此我们在制发"减假暂"指导性案例的时候，充分考虑到了刑罚变更执行及其法律监督的办案范围。从案件类型看，这批指导性案例中，减刑案例、假释案例、暂予监外执行案例各一个，分别代表了刑罚变更执行的三种类型；从被监督主体看，有对监狱的监督，有对人民法院的监督，还有对社区矫正机构的监督。从监督环节来看，有对提请活动的监督，有对裁定活动的监督，还有对执行活动的监督。三是明确了监督办案的重点。当前，依法扩大假释适用、对犯罪时未成年人刑罚变更执行的从宽掌握、如何在违法"减假暂"中发现和查办相关司法工作人员职务犯罪、如何贯彻落实好《中华人民共和国社区矫正法》有关规定等都是刑罚变更执行检察工作中需要重点关注和加强的几项工作，这 3 个案例对如何做好这方面的工作作了较为充分的阐释和说明。

二、宣告缓刑罪犯蔡某等 12 人减刑监督案

（一）基本案情、要旨和指导意义

罪犯蔡某等 12 名罪犯因犯罪被判处缓刑，分别在南京市辖区接受社区矫正。2013 年 1 月，南京市司法局以蔡某等 12 名罪犯在社区矫正期间确有悔改表现为由，向南京市中级人民法院提出减刑建议，南京市中级人民法院分别对上述罪犯裁定减去 6 个月、3 个月不等的有期徒刑，并相应缩短缓刑考验期。2014 年 8 月，南京市人民检察院认为蔡某等 12 名缓刑罪犯在社区矫正期间虽确有悔改表现，但均无重大立功表现，南京市中级人民法院的减刑裁定违反了《最高人民法院关于办理减刑、假释案件具体应用法律若干问题的规定》第 13 条的规定，应当依法予以纠

正。2014年10月14日南京市人民检察院向南京市中级人民法院分别发出12份《纠正不当减刑裁定意见书》。南京市中级人民法院重新组成合议庭对上述案件进行审理，2014年12月4日作出了维持对蔡某等12名罪犯减刑的刑事裁定，主要理由是，依据2004年、2006年江苏省、南京市两级人民法院、人民检察院、公安机关、司法行政机关先后制定的社区矫正规范性文件的有关规定，蔡某等12名罪犯在社区矫正期间受到多次表扬，确有悔改表现，可以给予减刑。南京市人民检察院经审查后，于12月24日再次向南京市中级人民法院发出《纠正违法通知书》，要求该院纠正。2015年1月8日，南京市中级人民法院重新另行组成合议庭对上述案件进行了审理，南京市人民检察院依法派员出庭发表检察意见，认为对缓刑罪犯减刑应当适用法律和司法解释的规定，不应当适用与法律和司法解释相冲突的地方规范性文件。2015年1月21日，南京市中级人民法院重新作出刑事裁定，认定对蔡某等12名缓刑罪犯作出的原减刑裁定、原再审减刑裁定，系适用法律错误，分别裁定撤销原减刑裁定、原再审减刑裁定，对蔡某等12名缓刑罪犯不予减刑，剩余缓刑考验期继续执行。裁定生效后，南京市中级人民法院及时将法律文书交付执行机关执行，蔡某等12名罪犯在法定期限内到原区司法局报到，接受社区矫正。

我们提炼出该案的要旨是：对于判处拘役或者3年以下有期徒刑并宣告缓刑的罪犯，在缓刑考验期内确有悔改表现或者有一般立功表现，一般不适用减刑。人民法院对宣告缓刑罪犯裁定减刑适用法律错误的，人民检察院应当依法提出纠正意见，人民法院裁定维持原减刑裁定的，人民检察院应当继续予以监督。在要旨的基础上，案例从三个方面进一步阐明了指导意义：一是人民法院减刑裁定适用法律错误，人民检察院应当依法监督纠正；二是人民法院对没有重大立功表现的缓刑罪犯裁定减刑的，人民检察院应当予以监督纠正；三是人民检察院发现人民法院已经生效的减刑、假释裁定仍有错误的，应当继续向人民法院提出书面纠正意见。

（二）理解适用中的重点问题

1. 严格把握减刑的实质条件，对没有重大立功表现的缓刑罪犯裁定减刑的，依法提出纠正意见。减刑、假释是我国重要的刑罚执行制度，不符合法定条件和非经法定程序，不得减刑、假释。根据有关法律和司法解释的规定，判处拘役或者3年以下有期徒刑并宣告缓刑的罪犯，除非有重大立功表现的，一般不适用减刑。对犯罪分子宣告缓刑不予监禁，已经体现了对犯罪分子一定程度的从轻处罚。《社区矫正实施办法》实施前，一些地方开展社区矫正工作试点期间，适当放宽了缓刑罪犯减刑的实体条件，但是在《社区矫正实施办法》施行后，相关地方规定不应当再作为缓刑罪犯减刑依据，不能为了工作的连续性而降低司法标准。根据社区矫正的有关规定，人民检察院依法对社区矫正工作实行法律监督，发现人民法院对于确有悔改表现或者有一般立功表现，但没有重大立功表现的缓刑罪犯裁定减刑的，应当依法监督纠正。

2. 人民法院不采纳人民检察院纠正意见的，人民检察院应当持续监督纠正。人民检察院依法行使法律监督权，应当有担当、执着精神，对于违法行为应当持续递进监督，直到纠正到位，保证监督权完整行使和监督效果充分显现。该案中，南京市人民检察院发现蔡某等12名缓刑罪犯减刑违反相关规定，依法向南京市中级人民法院提出纠正意见。南京市中级人民法院重新组成合议庭进行审理维持原决定后，南京市人民检察院依据《人民检察院刑事诉讼规则》的有关规定，再次向该院发出《纠正违法通知书》，最终南京市中级人民法院采纳检察机关的意见，对蔡某等12名缓刑罪犯作出的原减刑裁定、原再审减刑裁定进行了纠正。如果人民法院仍然不采纳检察机关监督纠正意见的，人民检察院应当提请上级人民检察院继续监督。

3. 人民法院减刑裁定适用法律错误，人民检察院应当依法监督纠正。人民检察院在办理减刑、假释案件时，应准确把握法院减刑、假释裁定所依据规范性文件。对于地方人民法院、人民检察院制定的司法解释性文件，应当根据《最高人民法院、最高人民检察院关于地方人民法院、人民检察院不得制定司法解释性质文件的通知》予以清理。人民法院依据地方人民法院、人民检察院制定的司法解释性文件作出裁定的，属于适用法律错误，人民检察院应当依法向人民法院提出书面监督纠正意见，监督人民法院重新组成合议庭进行审理。

三、罪犯康某假释监督案

（一）基本案情、要旨和指导意义

罪犯康某，男，1999年9月29日出生，汉族，初中文化。2016年12月23日因犯抢劫罪被河南省安阳市中级人民法院终审判处有期徒刑3年，并处罚金人民币1000元，刑期至2018年11月13日。康某因系未成年罪犯，于2017年1月20日被交付到河南省郑州未成年犯管教所执行刑罚。2018年6月，郑州未成年犯管教所认为康某认真遵守监规，接受教育改造，确有悔改表现，拟对其提请减刑，并征求郑州市人民检察院的意见。郑州市人民检察院经审查认为，康某符合法定减刑条件，同时符合法定假释条件,依据相关司法解释规定可以优先适用假释。同时,为了确保监督意见的准确性,郑州市人民检察院根据假释的条件重点开展了调查核实工作,认为康某符合假释条件,并向郑州未成年犯管教所提出对罪犯康某依法提请假释的检察意见。郑州未成年犯管教所接受检察机关的意见,于2018年6月28日向郑州市中级人民法院提请对康某裁定假释。7月27日,郑州市中级人民法院开庭审理罪犯康某假释案。康某的父母以及郑州未成年犯管教所百余名未成年服刑罪犯旁听了庭审,检察人员对康某成长经历、犯罪轨迹、性格特征、原判刑罚执行、假释后监管条件和帮教措施等涉及康某假释的问题进行了说明,百余名未成年罪犯受到了很好的法制教育。7月30日,郑州市中级人民法院依法对罪犯康某裁定假释。

我们提炼出该案的要旨是:人民检察院办理未成年罪犯减刑、假释监督案件,应当比照成年罪犯,依法适当从宽把握假释条件。审查未成年罪犯是否符合假释条件时,应当结合各方面的因素综合认定。对既符合法定减刑条件又符合法定假释条件的,可以建议刑罚执行机关优先适用假释。在要旨的基础上,案例从四个方面进一步阐明了指导意义:一是罪犯既符合法定减刑条件又符合法定假释条件的,可以优先适用假释;二是对犯罪时未满18周岁的罪犯适用假释可以依法从宽掌握,综合各种因素判断罪犯是否符合假释条件;三是对犯罪时未满18周岁的罪犯假释案件,人民检察院可以建议罪犯的父母参加假释庭审;四是人民检察院应当做好罪犯监狱刑罚执行和社区矫正法律监督工作的衔接,继续加强对假释的罪犯社区矫正活动的法律监督。

(二)理解适用中的重点问题

1. 罪犯既符合法定减刑条件又符合法定假释条件的,可以优先适用假释。减刑、假释都是刑罚变更执行的重要方式。减刑是刑罚执行机关根据罪犯在服刑期间一段时间内的悔改情况、改造表现等，依法提出建议，提请法院裁定减去一定刑期。假释是一种附条件的提前释放，没有对原判刑罚进行实质性变更。在假释考验期内，罪犯要依法接受社区矫正机关的监督管理，一旦违背法律设定的条件，将被依法撤销假释，收监执行未执行完毕的刑罚。与减刑相比，假释有利于督促罪犯规范自己的言行，抑制违法犯罪意识，逐步度过缓冲期和过渡期，逐步养成遵纪守法的行为习惯，更好地适应社会、融入社会，从而实现刑罚预防和减少重新犯罪，维护社会长治久安的目的。目前，世界其他法治国家多数是实行单一假释制度或者是假释为主、减刑为辅的刑罚变更执行制度。但在我国司法实践中，由于存在对假释制度认识不够，出现问题后责任倒查的程序和标准不太明确，办案人员担心假释罪犯假释期间再犯罪被追责，假释条件难以把握，一些地方各部门之间工作衔接配合不够顺畅等诸多方面的原因，我国减刑、假释适用不平衡，罪犯减刑比例一般在百分之二十多，假释比例只有百分之一左右，假释适用率低。为实现预防和减少罪犯再犯罪的目的，人民检察院在办理减刑、假释案件时，应当按照我国法律和司法解释的有关规定和精神，对既符合法定减刑条件又符合法定假释条件的罪犯，建议刑罚执行机关提请人民法院优先适用假释，充分释放假释制度的价值功能。

2. 对犯罪时未满18周岁的罪犯适用假释可以依法从宽掌握，将未成年人罪犯父母到庭制度引入庭审中。罪犯康某犯罪时系未成年人，人民检察院办理犯罪时未满18周岁的罪犯假释案件，应当综合罪犯犯罪情节、原判刑罚、服刑表现、身心特点、监管帮教等因素依法从宽掌握。特别是对初犯、偶犯和在校学生等罪犯,假释后其家庭和社区具有帮教能力和条件的,可以建议刑罚执行机关和人民法院依法适用假释。对罪犯"假释后有无再犯罪危险"的审查判断,人民检察院应当根据相关法律和司法解释的规定,结合未成年罪犯犯罪的具体情节、原判刑罚情况,其在刑罚执行中的一贯表现、帮教条件(包括其身体状况、性格特征、被假释后生活来源以及帮教环境等因素)综合考虑。同时,可以将未成年人罪犯父母到庭制度引入假释案件审理中,建议罪犯的父母参加假释庭审,帮助调查假释案件相关情况,客观准确地适用法律,保障罪犯的合法权益,督促罪犯假释后社会帮教责任的落实,充分发挥司法机关、家庭和社会对罪犯改造帮教的合力作用,促进罪犯的权益保护和改造教育,实现办案的政治效果、法律效果和社会效果的有机统一。

3. 人民检察院应当做好罪犯监狱刑罚执行和社区矫正法律监督工作的衔接,继续加强对假释的罪犯社区矫正活动的法律监督。社区矫正是贯彻党的宽严相济刑事政策,推进国家治理体系和治理能力现代化的一项重要制度。我国社区矫正工作于2003年开始试点,2009年在全国试行,2014年在全国全面推进。党的十八届三中、四中全会提出"健全社区矫正制度""制定社区矫正法",十二届、十三届全国人大常委会将社区矫正法列入立法规划。2019年12月28日,十三届全国人大常委会第十五次会议审议通过了《中华人民共和国社区矫正法》,并于2020年7月1日实施。依法对符合条件的罪犯实行社区矫正,督促其在社会化开放的环境下顺利回归社会,有利于化解消极因素,缓和社会矛盾,预防和减少再犯罪,维护社会稳定。社区矫正工作是一项复杂的系统工程,需要社区矫正机构、公安机关、检察机关、人民法院以及民政、卫生、教育、人社等多个部门的共同参与。

监狱罪犯被裁定假释实行社区矫正后，检察机关应当按照社区矫正的有关规定，在加强与有关部门的沟通协作的同时，应当注意依职权监督有关部门做好罪犯的交付、接收等工作，做好对社区矫正机构对罪犯社区矫正活动的监督，督促社区矫正机构对罪犯进行法治、道德等方面的教育，组织其参加公益活动，增强其法治观念，提高其道德素质和社会责任感，帮助其融入社会，预防和减少犯罪。

四、罪犯王某某暂予监外执行监督案

（一）基本案情、要旨和指导意义

罪犯王某某，2010年9月因犯保险诈骗罪被辽宁省营口市站前区人民法院判处有期徒刑5年，并处罚金人民币10万元。在交付执行过程中，罪犯王某某及其家属以其身体有病为由申请暂予监外执行。2011年5月，营口市站前区人民法院依据营口市中医院司法鉴定所出具的罪犯疾病伤残司法鉴定书，决定对其暂予监外执行1年。1年期满后，法院再次启动暂予监外执行鉴定工作，由于营口市中医院司法鉴定所被上级主管部门依法停业整顿，未能及时出具鉴定意见书。2014年7月，营口市站前区人民法院再次决定对王某某暂予监外执行1年。2015年1月16日，罪犯王某某因无法提供短期内有生命危险的证明被营口市站前区人民法院决定收监执行。2016年3月，辽宁省营口市人民检察院在检察中发现罪犯王某某决定暂予监外执行案件存在诸多疑点，并调取相关材料进行审查，认为罪犯王某某暂予监外执行过程中有可能存在违纪或违法问题，依法决定对该案进行调查核实。经过调查核实，营口市人民检察院查明了罪犯王某某违法暂予监外执行的事实，并于2016年4月以涉嫌徇私舞弊暂予监外执行犯罪，对营口市中级人民法院技术科科长张某、营口市中医院司法鉴定所负责人赵某立案侦查。经侦查查明，2010年12月至2013年5月，张某利用其负责鉴定业务对外进行委托的职务便利，在明知罪犯王某某不符合保外就医条件的情况下，收受罪犯王某某亲友等人贿赂，两次指使营口市中医院司法鉴定所负责人赵某为罪犯王某某作出虚假的符合保外就医条件的罪犯疾病伤残司法鉴定意见。2017年5月27日，张某犯受贿罪、徇私舞弊暂予监外执行罪，赵某犯徇私舞弊暂予监外执行罪，分别被人民法院定罪处罚。判决生效后，检察机关依法向营口市站前区人民法院发出《纠正不当暂予监外执行决定意见书》，建议法院依法纠正2011年5月17日和2014年7月29日对罪犯王某某作出的两次不当暂予监外执行决定。营口市站前区人民法院采纳了检察机关的监督意见，作出《收监执行决定书》，罪犯王某某被收监再执行有期徒刑2年。

  我们提炼出该案的要旨是：人民检察院对违法暂予监外执行进行法律监督时，应当注意发现和查办背后的相关司法工作人员职务犯罪。对司法鉴定意见、病情诊断意见的审查，应当注重对其及所依据的原始资料进行重点审查。发现不符合暂予监外执行条件的罪犯通过非法手段暂予监外执行的，应当依法监督纠正。办理暂予监外执行案件时，应当加强对鉴定意见等技术性证据的联合审查。在要旨的基础上，案例从三个方面进一步阐明了指导意义：一是人民检察院对暂予监外执行进行法律监督时，应注重发现和查办违法暂予监外执行背后的相关司法工作人员职务犯罪案件；二是对暂予监外执行案件中司法鉴定意见、病情诊断意见的审查，应当注重对其及所依据的原始资料进行重点审查；三是办理暂予监外执行案件时，应当加强对鉴定意见等技术性证据的联合审查。

(二) 理解适用中的重点问题

1. 检察机关办理暂予监外执行案件应当注重对其及所依据的原始资料进行重点审查。检察人员办理暂予监外执行监督案件时，应当在审查鉴定意见、病情诊断的基础上，对鉴定意见、病情诊断所依据的原始资料进行重点审查，包括罪犯以往就医病历资料、病情诊断所依据的体检记录、住院病案、影像学报告、检查报告单等，判明原始资料以及鉴定意见和病情诊断的真伪、资料的证明力、鉴定人员的资质、产生资料的程序等问题，以及是否能够据此得出鉴定意见、病情诊断所阐述的结论性意见，相关鉴定部门及鉴定人的鉴定行为是否合法有效等。经审查发现疑点的应进行调查核实，可以邀请有专门知识的人参加。同时，也可以视情况要求有关部门重新组织或者自行组织诊断、检查或者鉴别。

2. 刑事执行检察部门办理暂予监外执行案件时，应当联合检察技术部门对鉴定意见等进行技术性证据审查。暂予监外执行案件的审查，需要一定的医学专业知识。为确保检察意见的准确性，刑事执行检察部门受理暂予监外执行案件后，应当委托检察技术部门进行技术性证据审查，检察技术人员应当协助刑事执行检察人员审查或者组织审查案件中涉及的鉴定意见等技术性证据。刑事执行检察部门认为必要时，还可以邀请检察技术部门派员参加执行机关组织的诊断、检查和鉴别等活动，列席罪犯暂予监外执行评审会议。刑事执行检察人员可以将技术性证据审查意见作为审查判断证据的参考，也可以作为决定重新鉴定、补充鉴定或提出检察建议的依据。在司法实践中，对于本院没有检察技术部门的，刑事执行检察部门可以委托其他检察院检察技术部门进行技术性证据审查,或者聘请相关临床专业的医学专家进行会诊或者提出专家意见。

3. 人民检察院对暂予监外执行进行法律监督时,应注重发现和查办违法暂予监外执行背后的相关司法工作人员职务犯罪案件。我国监察体制改革后,刑事诉讼法赋予检察机关一定的侦查权,是党中央科学判断反腐败斗争新形势、顺应时代新要求作出的重大决策部署,是中国特色法律监督制度科学发展中作出的重要制度设计。司法实践中,执法、司法领域中存在的危害司法公正、侵犯公民权利的犯罪行为,通常与诉讼活动中的违法犯罪行为交织在一起,特别是一些"减假暂"活动中的司法腐败行为,大多与执法、司法工作人员徇私舞弊、滥用职权密切相关。在违法暂予监外执行案件中,一些罪犯亲友往往通过贿赂相关司法工作人员等手段,帮助罪犯违法暂予监外执行,这是违法暂予监外执行中较为常见的一种现象,对于情节严重的,应当依法追究其刑事责任。因此,检察机关在监督纠正违法暂予监外执行的同时,应当注意发现和查办违法监外执行背后存在的相关司法工作人员职务犯罪案件,把刑罚变更执行法律监督与职务犯罪侦查工作相结合,以监督促侦查,以侦查促监督,不断提升法律监督质效。

加强刑罚变更执行监督，促进双赢多赢共赢
——最高人民检察院第十九批指导性案例理解与适用*

时间地点：2020年6月3日　最高人民检察院

内　　容：最高人民检察院召开"加强刑罚变更执行监督，促进双赢多赢共赢"主题新闻发布会，通报全国检察机关开展刑罚变更执行法律监督工作情况，发布最高人民检察院第十九批指导性案例，并回答记者提问。

出席人员：侯亚辉　最高人民检察院第五检察厅厅长

　　　　　　刘福谦　最高人民检察院第五检察厅副厅长

　　　　　　李　静　司法部监狱管理局副局长

主 持 人：肖　玮　最高人民检察院新闻发言人

[**肖玮**] 各位记者朋友，大家上午好！欢迎参加最高人民检察院新闻发布会。今年两会新闻宣传工作，得到了各位记者朋友、各家媒体的大力支持，大家为讲好检察故事、唱响检察声音，作出了积极贡献，借此机会向大家表示衷心的感谢！

今天发布会的主题是"加强刑罚变更执行监督，促进双赢多赢共赢"。出席发布会的嘉宾是：最高人民检察院第五检察厅厅长侯亚辉、副厅长刘福谦，司法部监狱管理局副局长李静。

---

* 该部分选自最高人民检察院"加强刑罚变更执行监督，促进双赢多赢共赢"主题新闻发布会内容，收录本书时略作修改。

今天的发布会共有三项议程:一是通报全国检察机关开展刑罚变更执行法律监督工作情况;二是发布最高检第十九批指导性案例,简要介绍案例相关情况;三是回答记者提问。

大家知道,刑罚执行关乎公平正义,减刑、假释、暂予监外执行等刑罚变更执行是影响罪犯教育改造效果的重要方面,人民群众对此十分关注。

检察机关与刑罚执行机关、人民法院既分工配合又相互制约,对减刑、假释、暂予监外执行活动依法实行法律监督,维护司法公正的"最后一公里",促进实现刑罚执行和检察监督办案双赢多赢共赢。

现在进行第一项议程,请侯亚辉厅长向大家通报检察机关开展刑罚变更执行法律监督工作情况。

[侯亚辉] 刑罚执行作为刑事司法活动的最后环节,事关刑事司法功能的实现,事关国家政治安全和社会和谐稳定。依法对刑罚执行活动实行法律监督是检察机关的一项重要职责。减刑、假释、暂予监外执行(以下简称"减假暂")是我国重要的刑罚执行制度,也是司法实践中容易滋生腐败、产生执法司法不公的重点环节,党中央高度重视,社会普遍关注。

一、检察机关开展刑罚变更执行法律监督工作情况

近年来,全国各级检察机关以习近平新时代中国特色社会主义思想为指导,深入贯彻党中央关于刑罚变更执行及法律监督工作的重要精神,牢固树立践行总体国家安全观,在各级党委的坚强领导下,与刑罚执行机关、人民法院既分工配合又相互制约,依法对"减假暂"活动实行法律监督,确保刑罚变更执行的公平、公正。

一是全面履行刑罚变更执行检察职责。2018年以来，各地检察机关实行巡回检察和派驻检察相结合、书面检察和实地调查相结合、全面检察和重点检察相结合等工作方式，全面加强对"减假暂"活动提请、审理、裁决、执行等各个环节的同步监督，特别是加强对罪犯岗位调整、计分考核、立功奖励、病情鉴定等关键部位和重点环节的监督，从源头上防止违法行为的发生。

2018年以来，全国检察机关对"减假暂"提请、决定（裁定）活动提出检察意见、发出纠正违法和检察建议8.6万件，得到采纳8万件。对职务犯罪、金融犯罪和黑社会性质犯罪等"三类罪犯"有重大立功拟提请减刑或减刑幅度大、间隔时间短、考核计分高、假释考验期长等重点案件，通过调阅材料、实地调查、重新鉴定等方式逐一核实，从严把握"三类罪犯""减假暂"的实体条件和程序要求，监督纠正了一批"有权人""有钱人"刑罚变更执行不规范案件。

严格按照关于对职务犯罪罪犯减刑、假释、暂予监外执行案件实行备案审查的规定，上级检察院对职务犯罪罪犯"减假暂"案件实行备案审查，发现案件存在疑点或者可能存在违法违规问题的依法进行调查核实，认为"减假暂"决定错误的依法提出纠正意见；对于职务犯罪罪犯"减假暂"比例明显高于其他罪犯的相应比例的认真查找和分析问题原因，依法向有关单位提出意见或者建议。

二是建立健全刑罚变更执行与法律监督工作机制。为落实总体国家安全观，进一步加强检察机关和司法行政机关的协作配合，2019年9月19日，最高人民检察院与司法部在北京召开刑罚执行与法律监督工作联席会议，交流了刑罚执行与法律监督工作有关情况。

会议决定，最高人民检察院与司法部建立刑罚执行与法律监督联席工作机制，定期召开联席会议，加强业务研究和工作交流。各地检察机关按照会议纪要有关要求，与司法行政机关定期召开联席会议，共同研究刑罚变更执行与法律监督工作中存在的普遍性问题，不断提高执法水平，共同维护司法公正。

三是依法推进假释适用。为充分发挥假释功能，最高检多次会同最高法、司法部等有关部门进行实地调研和座谈，研究制定有关工作意见，明确依法推进假释的工作目标和具体措施。

一些地方检察机关积极会同当地人民法院、司法行政机关通过定期或者不定期召开联席会议的方式总结交流工作，共同研究解决假释工作中存在的问题，通过会议纪要的形式把达成的共识确定下来，明确统一执法司法标准。还有一些地方检察机关会同当地法院，以业务培训为切入点，逐步转变执法司法人员的工作理念和思路，不断提高办案人员对假释工作的认识水平。

四是大力推进刑罚变更执行信息化建设。进一步落实好中央政法委《关于严格规范减刑、假释、暂予监外执行切实防止司法腐败的意见》关于"减刑、假释网上协同办案平台建设"的有关要求，加强与司法行政机关、人民法院的沟通协调和衔接配合，研究制定减刑、假释信息化办案平台建设技术标准，结合检察工作实际制定下发《检察机关减刑、假释信息化办案平台建设技术规范》，合力推动平台建设有序进行。

同时，以统一业务应用系统2.0研发为契机，深入分析当前统一业务应用系统"减假暂"办案模块中存在的问题和不足，组织对包括"减假暂"办理模块在内的统一业务应用系统进行修改完善，进一步提升"减假暂"法律监督工作的科技含量和信息化水平。

五是严肃查办违法"减假暂"背后的相关职务犯罪案件。查办违法刑罚执行背后的相关职务犯罪案件，既是法律赋予检察机关的重要职责和增强监督刚性的有效手段，也是国家反腐败大局的重要组成部分。

2018年以来，各地检察机关按照刑事诉讼法的有关规定，加强与纪委监委的工作沟通，坚持纠正违法与查办职务犯罪相结合，紧紧抓住刑罚变更执行中容易发生司法不公和腐败问题的重点环节，突出查办相关司法工作人员徇私舞弊减刑、假释、暂予监外执行等职务犯罪案件。

2018年以来，全国检察机关共立案查办徇私舞弊减刑、假释、暂予监外执行案件52件，有力地惩治了刑罚变更执行领域的司法不公问题。同时，各级检察机关还结合办理的典型案件，及时开展以案释法和警示教育，并向相关部门提出检察建议，促进堵塞漏洞，防止权力滥用。

二、第十九批指导性案例特点

为了进一步总结各地检察机关在刑罚变更执行检察工作中一些好的经验做法，充分发挥指导性案例的示范、引领作用，指导各地进一步规范和加强刑罚变更执行法律监督工作，最高检发布第十九批指导性案例，以刑罚变更执行检察监督为主题。

整体来看，第十九批指导性案例有以下几个特点：一是体现了履行职责的特点。与检察机关办理批捕、公诉案件相比，办理"减假暂"案件对事实认定、法律适用的争议相对较少，但比较突出的关键特点在于审查发现问题后如何进行调查核实和监督纠正。因此，需要通过对"减假暂"案件从事实上和程序上进行审查，明确开展检察工作的具体方法、步骤，指明容易发生问题的关键环节，督促刑罚执行机关和审判机关进一步规范执法司法工作，实现法律监督工作和刑罚执行工作的双赢多赢共赢。

二是涵盖了监督办案的范围。目前，我国的刑罚执行主体较多，有人民法院、公安机关（看守所）、司法行政机关（监狱、社区矫正机构）等，刑罚变更执行活动涉及提请、审理、裁定、执行等多个环节。因此我们在制发"减假暂"指导性案例的时候，充分考虑到了刑罚变更执行及其法律监督的办案范围。从案件类型看，这批指导性案例中减刑案例、假释案例、暂予监外执行案例各一个，分别代表了刑罚变更执行的三种类型；从被监督主体看，有对监狱的监督，有对人民法院的监督，还有对社区矫正机构的监督。从监督环节来看，有对提请活动的监督，有对裁定活动的监督，还有对执行活动的监督。

三是明确了监督办案的重点。当前，依法扩大假释适用、对犯罪时未成年人刑罚变更执行的从宽掌握、如何在违法"减假暂"中发现和查办相关司法工作人员职务犯罪、如何贯彻落实好《中华人民共和国社区矫正法》有关规定等，都是刑罚变更执行检察工作中需要重点关注和加强的几项工作，这3个案例对如何做好这方面的工作作了较为充分的阐释和说明。

[肖玮] 谢谢侯亚辉厅长。下面进行第二项议程，发布以刑罚变更执行监督为主题的第十九批指导性案例。因案例已经作为发布会材料发印发给大家，就不一一宣读了。现在请刘福谦副厅长简要介绍第十九批指导性案例相关情况。

[刘福谦] 经最高人民检察院第十三届检察委员会第三十次会议审议通过，今天正式发布以刑罚变更检察为主题的第十九批指导性案例。在此，介绍这批指导性案例的基本情况和指导意义。

一、宣告缓刑罪犯蔡某等12人减刑监督案

该案的基本案情是：罪犯蔡某等12人被人民法院判处有期徒刑，并宣告缓刑后接受社区矫正。南京市司法局以蔡某等12名罪犯在社区矫正期间确有悔改表现为由，向南京市中级人民法院提出减刑建议，南京市中级人民法院分别对上述罪犯裁定减刑并相应缩短缓刑考验期。

南京市人民检察院工作中发现问题并经调查核实后，认为南京市中级人民法院对没有重大立功表现的缓刑罪犯裁定减刑违反了相关司法解释的规定，向南京市中级人民法院发出《纠正不当减刑裁定意见书》，并进行监督纠正。南京市中级人民法院重新组成合议庭对上述案件进行审理，并维持原裁定。

南京市人民检察院再次向南京市中级人民法院发出《纠正违法通知书》，并进行监督纠正。最终，南京市中级人民法院采纳南京市人民检察院的纠正意见，裁定撤销原减刑裁定、原再审减刑裁定，对蔡某等12名缓刑罪犯不予减刑，剩余缓刑考验期继续执行。

该案的指导意义主要有三个方面：一是人民法院减刑裁定适用法律错误，人民检察院应当依法监督纠正；二是人民法院对没有重大立功表现的缓刑罪犯裁定减刑的，人民检察院应当予以监督纠正；三是人民检察院发现人民法院已经生效的减刑、假释裁定确有错误的，应当继续向人民法院提出书面纠正意见。

二、罪犯康某假释监督案

该案的基本案情是：罪犯康某，男，1999年9月29日出生，2016年12月23日因犯抢劫罪被判处有期徒刑3年，犯罪

时系未成年人。2018年6月，河南省郑州市未成年犯管教所以康某认真遵守监规，接受教育改造，确有悔改表现为由，拟对其提请减刑，并征求检察机关意见。

河南省郑州市人民检察院审查认为，康某符合法定减刑条件，但同时也符合法定假释条件，依据相关司法解释规定，可以优先适用假释，向郑州未成年犯管教所提出对罪犯康某依法提请假释的检察意见。郑州未成年犯管教所接受检察机关的意见，向郑州市中级人民法院提请假释。2018年7月30日，郑州市中级人民法院依法对罪犯康某裁定假释。

该案的指导意义有四个方面：一是罪犯既符合法定减刑条件又符合法定假释条件的，一般应优先适用假释；二是对犯罪时未满18周岁的罪犯适用假释可以依法从宽掌握，综合各种因素判断罪犯是否符合假释条件；三是对犯罪时未满18周岁的罪犯假释案件，人民检察院可以建议罪犯的父母参加假释庭审；四是人民检察院应当做好罪犯监狱刑罚执行和社区矫正法律监督工作的衔接，继续加强对假释的罪犯社区矫正活动的法律监督。

三、罪犯王某某暂予监外执行监督案

该案的基本案情是：2016年3月，辽宁省营口市人民检察院在工作中发现，辽宁省营口市中级人民法院对罪犯王某某决定暂予监外执行案有疑点，经过调查核实，查明了营口市中级人民法院技术科原科长张某、营口市中医院司法鉴定所原负责人赵某，接受罪犯王某某亲友请托，违法为罪犯王某某办理暂予监外执行。

2016年4月，营口市人民检察院以涉嫌徇私舞弊暂予监外执行犯罪对张某、赵某立案侦查。经营口市人民检察院审查起诉

后张某、赵某被人民法院作出有罪判决。2018年5月，检察机关向营口市站前区人民法院发出《纠正不当暂予监外执行决定意见书》，建议法院依法纠正对罪犯王某某作出不当暂予监外执行决定。营口市站前区人民法院采纳了检察机关的监督意见，决定对罪犯王某某再执行有期徒刑2年。

该案的指导意义有三个方面：一是人民检察院对暂予监外执行进行法律监督时，应注重发现和查办违法暂予监外执行背后的相关司法工作人员职务犯罪案件；二是对司法鉴定意见、病情诊断意见的审查，应当注重对其及所依据的原始资料进行重点审查；三是办理暂予监外执行案件时，应当加强对鉴定意见等技术性证据的联合审查。

[肖玮] 接下来进行第三项议程，请各位记者朋友提问。

[CCTV13] 今天发布会介绍了当前刑罚变更执行及其法律监督工作情况。日前，北京市通报了致人死亡的郭某某在服刑期间减刑案件违法违规情况。请问，目前我国刑罚变更执行以及法律监督工作中还存在哪些问题？针对这些问题，今后检察机关将如何进一步加强法律监督工作？

[侯亚辉] 我先回答第一问。对于前一段时间的郭某某服刑期间减刑的违法违规问题，5月9日，北京市联合调查组作出了通报：调查发现相关单位和人员存在执法不规范、违反工作纪律和失职渎职等问题，北京市监察委已对监狱干警刘某某、隋某某等人立案调查并采取留置措施。

经查，郭某某在服刑期间，刘某某、隋某某等人受郭某某家属及有关社会人员请托，利用职务便利，违规为郭某某获得减刑提供帮助，涉嫌徇私舞弊减刑、受贿等犯罪。同时，北京市检察院也进行了通报，对照郭某某减刑案件调查组发现的相关问题，将深入开展自查，切实检查纠正履行监督职责不到位的问题，对发现涉及检察人员的违法违纪问题，将依法依纪严肃处理，绝不姑息。

近年来，刑罚执行机关、人民检察院和人民法院既分工配合又相互制约，确保刑罚执行工作依法有序进行，共同维护司法公正。同时，我们认为在刑罚执行活动中还存在一些问题，需要各部门共同研究解决。

一是个别执法司法人员对减刑、假释等刑罚变更执行制度还有不正确的认识。减刑、假释的适用是为了贯彻宽严相济的刑事政策，最大限度发挥刑罚的功能，从而实现刑罚特殊预防的目的。但在司法实践中，一定程度上存在把减刑、假释制度作为稳定服刑罪犯思想情绪、督促服刑人员安心接受改造的一种手段等执法司法观念。

二是司法实践中一些刑罚变更执行评判标准不明确，导致执法司法尺度不统一。如"短期内没有生命危险"的具体认定问题、财产刑履行能力认定标准问题等。由于缺乏统一科学的标准，不同地区对同类或相似案件处理结果不是很一致，在一定程度上影响了执法司法的公正性和公信力。

三是监狱罪犯计分考核标准要进一步总结、完善，以突出重点。实践中，计分考核标准等主要是以罪犯劳动表现为重点，较难准确反映罪犯的教育改造情况。

此外，检察机关在"减假暂"法律监督工作中还存在一些问题和不足，需要进一步改进和规范。比如，对罪犯计分考核活动的监督有待深入。再如，"减假暂"监督纠正标准、统计口径等不规范的问题在一些地方也存在。又如，有的地方检察机关对检察建议的质量重视不够，制发的检察建议数量虽多但对整改情况督促落实不够等。另外，检察机关的信息化建设需要加强，现代信息技术支撑还不够。

对于刑罚变更执行工作中存在的问题，我们将深刻汲取北京郭某某案件的教训，举一反三，深入整改。同时，进一步强化法律监督力度，加强与刑罚执行机关和审判机关的沟通协作，实现刑罚执行及其法律监督工作的双赢多赢共赢，切实维护司法公正。

一是抓重点，继续做好重点罪犯和关键环节的监督。着重加强对"三类罪犯"等重点罪犯以及罪犯岗位调整、计分考核、立功奖励、病情鉴定等关键环节的监督，持续加强对"以权赎身""提钱出狱"等问题的监督纠正。

二是提实效，深入推进"减假暂"监督信息化建设。完善检察机关统一业务应用系统"减假暂"监督办案模块，尽快实现与减刑、假释信息化办案平台的有效衔接。加快推广"减假暂"监督智能化软件应用，以信息化为驱动提升"减假暂"监督工作质效。

三是增刚性，注重检察建议的质量和落实。注重对"减假暂"监督中一类问题的总结分析，提高检察建议的质量和精准度，提升检察建议的落实效果。

四是重自强，加强刑事执行检察队伍建设。加强刑事执行检察队伍的政治建设、业务素质建设和职业道德建设，努力提升整体素质和专业水平。注重刀刃向内，对监管场所发生重大问题检察人员履职不到位的，严肃依法问责。

[新华社] 请问，近年来司法部在严格规范减刑、假释、暂予监外执行方面做了哪些工作？

[李静] 减刑、假释是重要的刑罚执行制度，司法部一直以

来高度重视。近年来，全国监狱系统坚持惩罚与改造相结合，以改造人为宗旨，从完善制度、规范行为、深化公开、加强监督等方面，相继采取一系列举措，打好组合拳，使执法行为得到进一步规范，监狱执法公信力得到进一步提高。

一是加强执法制度建设，扎紧扎密制度的笼子。制定出台了一系列涉及刑罚执行工作的规章和规范性文件，健全完善了监狱刑罚执行制度体系，从执法源头、实体标准及程序审查等各个环节切实防范执法不公，确保减刑、假释、暂予监外执行的事实证据经得起法律检验，实体、程序标准严格遵循法律规定要求。

二是把好"四关"，进一步严格办案程序。把好罪犯考核关，确保考核基础证据客观公正；把好评议审查关，严格执行提请减刑假释各个审查环节，依法接受检察机关监督；把好公示关，提请减刑、假释和暂予监外执行要按规定的时间和程序提前予以公示；把好提级审核及备案审查关，确保在监狱办理的每一起减刑、假释、暂予监外执行案件中体现公平正义。

三是强化执法监督检查，确保执法公平公正。完善监督问责机制。第一，依法接受检察机关法律监督。每所监狱都有驻监检察室。去年检察机关开展全面推进巡回检察，监狱系统积极配合。第二，切实强化内部监督。加大执法检查力度，通过开展多种形式的监狱执法专项整治和专项检查活动，全面深入查找执法环节短板弱项，有效遏制和纠正执法不严格、不规范行为。第三，广泛接受社会监督。出台《关于进一步深化狱务公开的意见》，围绕罪犯及其亲属、社会公众关注度高的、监狱执法领域的重点和热点问题，深化公开，通过多种渠道，将罪犯减刑、假释和暂予监外执行等执法管理信息依法向社会公众公开，以公开促公正。

四是大力推进执法信息化建设，以信息化促规范化。司法部高度重视减刑、假释、暂予监外执行信息化办案平台建设工作。截至去年底，全国有638所监狱建成信息化办案平台，有601所监狱建成狱内法庭，有422所监狱能进行远程视频开庭。通过信息化建设，对减刑、假释、暂予监外执行办案和考核奖惩中的重要事项、重点环节，实现全程留痕，最大限度地减少和防止人为干扰因素，确保了办案过程公开透明。

五是持续加强监狱人民警察队伍建设，不断提高执法能力水平。司法部紧紧围绕习近平总书记提出的加快推进政法队伍革命化、正规化、职业化、专业化建设要求，坚持政治引领，聚焦实战需求。2019年，举办全国监狱长培训班、全国监狱刑罚执行工作培训班，进一步提高监狱人民警察政治站位、依法履职能力和办案水平。同时，严格落实执法责任追究制度，对执法活动中的违法违纪行为零容忍。

下一步，司法部将进一步完善减刑、假释、暂予监外执行制度，坚持严格规范、公正文明执法，使罪犯在监狱每一项执法管理活动中，受触动受教育，使罪犯亲属和社会公众在监狱办理的每一起案件中感受到公平正义，持续构建开放、动态、透明、便民的监狱阳光执法机制，持续提升监狱执法规范化水平。

[凤凰卫视] 请问检察机关在办理相关减刑、假释、暂予监外执行案件中如何防止"灯下黑"，强化对自身工作的监督？

[刘福谦] 检察机关依法对刑罚变更执行实行法律监督的同时，更要树立"监督者更要接受监督"的观念，注重在办理"减假暂"案件中强化自身监督，确保办案质量和检察权依法规范运行。

一是坚持线上办理全程留痕。检察机关统一业务应用系统执检子系统上线运行后，检察机关办理"减假暂"案件要求从受理、办理、流转、审批、监督、用印等各个环节，都要通过系统在网上操作，确保检察机关办理的"减假暂"案件在网上全流程运行，所有文书系统生成，实现对检察机关办案环节的全程留痕，强化对内部办案流程和质量的监督。

二是严格落实相关制度规定。严格按照关于对职务犯罪罪犯"减假暂"案件实行备案审查的规定，对原厅局级以上职务犯罪罪犯"减假暂"的案件，逐案层报最高人民检察院备案审查；对原县处级职务犯罪罪犯"减假暂"的案件，逐案层报省级人民检察院备案审查。同时，最高检和各省级人民检察院还每年对职务犯罪罪犯"减假暂"情况进行分析和总结，指导和督促下级人民检察院落实有关要求，加强上级人民检察院对下级人民检察院办理刑罚变更执行案件工作的领导。

三是广泛接受社会监督。检察机关在办理"减假暂"案件中，按照《人民检察院办案活动接受人民监督员监督的规定》等有关规定，积极邀请人大代表、政协委员、人民监督员等参与检察机关的监狱巡回检察和"减假暂"办案等工作，听取和接受他们的意见建议，主动接受社会监督，进一步规范办案行为、提升检察公信力。

四是严格落实司法责任制。按照"谁承办谁负责，谁签字谁负责"的原则，实行"减假暂"案件质量终身负责制，建立完善对检察官办理"减假暂"案件内部监督制约机制，注重发现检察机关在办理"减假暂"案件中的不规范或违规违法行为。通过开展常态化的案件质量评查、专项案件督察以及巡回检察等工作，及时发现检察机关办理"减假暂"案件中存在的违规违法问题。对在"减假暂"案件中存在的违法问题应当发现而未发现，或者对发现后不予报告、不依法及时监督纠正的，按照有关规定严肃追究有关检察人员的责任，确保监督到位。

[南方都市报] 在第三个案例中，辽宁省营口市检察机关在对违法暂予监外执行监督纠正的同时，立案查办了相关司法人员职务犯罪案件。我们知道，修改后的刑事诉讼法赋予了检察机关查办相关司法工作人员职务犯罪的职权，请介绍一下，刑事诉讼法修改后检察机关立案侦查相关司法工作人员职务犯罪工作有关情况？

[侯亚辉] 修订后的《刑事诉讼法》第19条规定，人民检察院对诉讼活动实行法律监督中发现司法工作人员利用职权实施的非法拘禁、刑讯逼供、非法搜查等侵犯公民权利、损害司法公正的犯罪，可以由人民检察院立案侦查。

我国监察体制改革后，刑事诉讼法赋予检察机关一定的侦查权，我们认为，这是党中央科学判断反腐败斗争新形势、顺应时代新要求作出的重大决策部署，是中国特色法律监督制度科学发展中作出的重要制度设计。司法实践中，执法、司法领域中存在的危害司法公正、侵犯公民权利的犯罪行为，通常与诉讼活动中的违法犯罪行为交织在一起，特别是一些"减假暂"活动中的司法腐败行为，大多与执法、司法工作人员徇私舞弊、滥用职权密切相关。

自修改后刑事诉讼法实施以来，各地检察机关认真履行侦查办案职能，积极构建办案机制，优化办案流程，创新办案手段，严肃查处司法工作人员相关职务犯罪行为。截至2019年年底，全国检察机关共立案侦查司法工作人员相关职务犯罪案件871人，有效维护了司法公正，较好保障了公民权利，起到了很好的办案效果。

下一步，最高检将尽快制定相关规范性文件，制定科学合理、符合司法实践的立案标准，从侦查办案程序、与纪委监委沟通衔接、线索管理、重大案件请示汇报等方面全面规范检察机关侦查办案工作，从实体和程序两个方面进一步规范侦查办案工作。

健全完善线索管理机制，研究相关规范性文件，明确司法工作人员相关职务犯罪案件线索的种类、管理原则，对线索的移交、衔接、审查、办理、反馈、建档等程序统一标准，建立完善案件线索分级备案管理制度，形成一套完善的管理体系，督促各地建立统一备案、分级管理、重点监督的工作制度，加快统一业务应用系统案件线索管理模块建设，推动线上运行、规范管理、定期清零。

同时，结合今年扫黑除恶专项斗争"破网打伞"工作进行再动员、再部署，全面梳理各地在沟通联系、线索来源中存在问题与不足，加强与扫黑办、民事、行政检察等业务部门联系沟通，畅通"保护伞"案件线索来源渠道，做好线索登记、处理、分流、反馈等相关工作，采取切实有效措施严肃查办涉黑涉恶"保护伞"案件。

[法制网] 在第二个案例中，涉及罪犯康某某假释适用的问题，请问适用假释有什么优势？目前我国假释适用情况怎么样？

[李静] 减刑、假释是我国法律规定的激励罪犯改造的刑罚制度，是宽严相济刑事政策在刑罚执行中的体现。在罪犯康某某假释案中，康某某既符合减刑条件也符合假释条件，根据最高法司法解释，"罪犯既符合法定减刑条件，又符合法定假释条件的，可以优先适用假释"。郑州未成年犯管教所拟对康某某提请减刑并征求检察机关意见，郑州市人民检察院建议改为提请假

释，体现了实践中对司法解释中可以优先适用假释规定的应用，我们完全赞同。

从减刑假释制度设计来看，均属于让罪犯在希望中改造。减刑更多的是监狱根据罪犯在服刑期间一段时间内的悔改情况、改造表现等，依法提出建议，提请法院裁定减去一定刑期。假释是一种附条件的提前释放，没有对原判刑罚进行实质性变更，有考验期，在考验期内，假释罪犯要依法接受社区矫正机关的监督管理，一旦违背法律设定的条件，将被依法撤销假释，收监执行未执行完毕的刑罚。

假释有利于督促罪犯规范自己的言行，抑制违法犯罪意识，逐步度过缓冲期和过渡期，逐步养成遵纪守法的行为习惯，更好地适应社会、融入社会，从而实现刑罚预防和减少重新犯罪，维护社会长治久安的目的。

在实践中，减刑适用率较高，假释适用率较低，减刑和假释适用不平衡。造成这一现象的原因是多方面的。比如，对假释制度认识不够，出现问题后责任倒查的程序和标准不太明确，办案人员担心假释罪犯假释期间再犯罪被追责，而不愿办理假释；假释条件难以把握，"没有再犯罪的危险"缺乏可量化、易操作的法律认定标准；一些地方各部门之间工作衔接配合不够顺畅，等等。

司法部一直高度重视减刑、假释统筹适用问题，对依法推进假释适用多次作出部署、提出要求。下一步，司法部将会同最高人民法院、最高人民检察院、公安部加强对依法推进假释适用工作的研究，针对性破解制约假释适用的体制机制问题，顺畅假释案件办理和假释人员监督管理、教育帮扶工作机制，统筹使用好减刑、假释两种刑罚变更措施，依法推进假释适用，发挥好假释在激励罪犯积极改造，促进其顺利回归社会等方面的积极作用。

[新京报] 前段时间湖北、山东、浙江等地的监狱等监管场所发生新冠肺炎疫情后，检察机关对于监管场所疫情防控检察做了哪些工作？当前，疫情进入常态化防控阶段，检察机关对监管场所的疫情防控检察工作有哪些新要求？

[刘福谦] 最高检党组对监管场所的疫情防控检察工作高度重视，要求各地检察机关提高政治站位，坚决服从服务于疫情防控工作大局，将党中央关于疫情防控的部署要求落实到监管场所疫情防控的具体工作之中。最高检第五检察厅专门成立了疫情防控办公管理领导小组，确保疫情防控和法律监督两手抓两不误。

一是起草下发有关工作通知、提示和通报，对各地监督并配合监狱做好罪犯刑满释放、疫情防控、责任追究等工作提出要求，进一步提高业务指导的针对性和实效性。

二是积极利用电话和网络视频等形式，以突击检查、随机抽查的方式开展抽查工作，确保中央和最高检的有关部署和要求落到实处、贯彻到基层一线。

三是根据中央政法委统一安排，先后派出第五检察厅厅领导和主办检察官赴山东、湖北等地监管场所抗"疫"一线，就任城监狱新冠肺炎疫情事件和刑释人员黄某某从武汉返京事件进行调查，分别指导山东检察机关立案侦查监狱系统王某某、刘某某和邓某某等3人涉嫌玩忽职守案件，指导湖北检察机关依法正确履职对相关监管场所加强监督防范风险。

四是第五检察厅充分利用疫情期间刑事执行检察方式调整的时间，坚持学习不停、思考不停、谋划不停，调整培训模式，创新培训方法，针对全系统一万余名检察干警连续推出7场线上培训，为疫情防控常态化下刑事执行检察战"疫"履职打下了坚实基础。

在党中央的坚强领导下，经过全国人民的卓绝努力，全国疫情防控取得重大战略成果，新冠肺炎疫情进入常态化防控阶段。下一步，我们将深入贯彻落实习近平总书记重要讲话精神和党中央决策部署，以高度的政治自觉、法治自觉和检察自觉，做好监管场所疫情防控和相关法律监督工作。

一是充分履职，做深做细监管场所的疫情防控检察工作。要求各地落实好中央和最高检有关工作要求，在按照有关规定做好疫情防控措施的前提下，根据具体情况采取信息化手段和现场检察相结合的方式灵活开展检察工作；在确保安全的前提下，主动与当地司法行政机关沟通协商，可以根据工作实际有序恢复开展监狱巡回检察工作；加强对地方检察机关查办相关司法工作人员职务犯罪案件的指导和督导，充分运用法治思维和法治方式开展办案工作，确保案件办理的政治效果、社会效果和法律效果。

二是进一步加强与公安部、司法部等相关部门的沟通联系，指导各地检察机关建立健全与公安、司法行政机关的疫情防控信息沟通和工作协作机制，进一步形成工作合力，共同做好监管场所常态化疫情防控工作。

三是对地方检察机关贯彻落实中央和最高检有关工作部署情况开展"回头看"，继续通过电话、视频等方式进行抽查，确保各地检察机关不折不扣地落实好防控、监督、报告和配合等有关工作要求。

四是加强责任追究，对因玩忽职守、监督不力等行为对疫情防控工作造成严重后果的，依法依规严肃追究责任。

[肖玮] 因为时间关系，提问就到这里。今天发布会的内容，我们已实时在发布会专用微信群、最高检官网发布，请大家根据直播内容采写稿件。今天的发布会到此结束。谢谢大家。

第三部分

刑事执行检察典型案例及实务指引

北京市清河人民检察院对监狱提请段某某减刑不当监督案

——高度重视教育改造材料在印证罪犯认罪悔罪方面的作用

关键词

教育改造　投机改造　抄袭改造材料

要旨

加强对教育改造的监督，充分发挥刑罚功能，确保刑罚执行公平公正是人民检察院重要职能之一。罪犯撰写改造材料的过程是深挖犯罪根源、净化思想、全面总结改造成果，从而真正做到认罪悔罪的重要思想转化过程。罪犯撰写的改造材料直接反映出罪犯教育改造的态度及效果，是证明罪犯是否确有悔改表现的重要书面证明材料。在监督过程中，要重视教育改造的重要性，查明罪犯认罪悔罪的真实态度，准确认定其是否确有悔改表现，从而激励罪犯改造，确保刑罚执行公平公正。

基本案情

罪犯段某某，男，汉族，1976年12月10日出生，小学文化程度。2012 年 8 月 27 日因强奸罪被北京市通州区人民法院以（2012）通刑初字第 586 号刑事附带民事判决书判处有期徒刑 10 年 2 个月，剥夺政治权利 2 年，并处罚金人民币 1000 元。刑期自 2012 年 3 月 16 日起至 2022 年 4 月 6 日止。该犯于 2012 年 10 月 18 日调至北京市监狱管理局清河分局清园监狱服刑改造。该犯服刑期间执行刑期变动情况：2014 年 11 月 4 日减刑 1 年；2016 年 1 月 28 日减刑 1 年，现刑期终止日为 2020 年 4 月 6 日，剥夺政治权利 2 年。

2019 年 5 月 28 日，北京市监狱管理局清河分局清园监狱认为，罪犯段某某服刑期间确有悔改表现，符合减刑条件，拟对该犯提请减刑 3 个月，减去剥夺政治权利 1 年，向清河人民检察院征求该犯提请减刑一案意见，并将材料抄送清河人民检察院审查。

检察机关监督情况

（一）线索发现

清河人民检察院在审查该犯认罪悔罪材料时发现，该犯仅有小学文化，但是其撰写的《认罪悔罪书》多达五千余字、《改造总结》三千余字，且文笔流畅，语言生动，与其小学文化明显不符，很可能不是其本人亲笔书写，初步判断该犯在教育改造中可能存在投机改造行为。

（二）调查核实

针对该疑点，承办检察官同该犯谈话，询问该犯的《认罪悔罪书》《改造总结》是否为其本人亲笔书写，该犯表示这些材料均为其本人独立完成，亲笔书写。为验证该犯反映情况是否属实，检察人员从其撰写的改造材料中，抽取了"忏悔""矫正恶习"等10组词语，现场对该犯进行听写。但该犯只能正确写出2组，其余8组情况为错字或写不出来。该犯向检察人员解释，其在撰写改造材料时，遇到不会写的字词会通过查字典的方式解决。检察人员当场让该犯使用《现代汉语词典》查找"藐视""陋习""污垢"这3组词在其改造材料中出现的词语，该犯查字典后书写的结果为"渺视""漏习""诬诰"。检察人员又随机抽取该犯撰写的《认罪悔罪书》中一段的内容，现场对该犯进行听写，结果发现该犯存在多处不会书写的字词。后该犯承认此次撰写的改造材料是抄袭以往减刑时撰写的改造材料。

（三）监督意见

依据最高人民法院、最高人民检察院、司法部相关规定，罪犯确有悔改表现的书面材料是提请减刑、假释所必备的材料，且必须规范、来源合法。同时，清园监狱也在《提请减刑建议书》中，明确将罪犯段某某的《认罪悔罪书》认定为其确有悔改表现的书面证明材料。清河人民检察院认为，教育改造是罪犯服刑改造的重要组成部分。罪犯撰写改造材料的过程是深挖犯罪根源、净化思想、全面总结改造成果，从而真正做到认罪悔罪的重要思想转化过程。罪犯撰写的改造材料直接反映出罪犯教育改造的态度及效果，是证明罪犯是否确有悔改表现的重要书面证明材料。罪犯段某某在被提请减刑过程中，片面追求减刑的效果，忽视了教育改造的重要性，将撰写改造材料当作一种负担，主观上存在投机取巧的想法，客观上实施了投机改造行为，本次提请减刑撰写的改造材料几乎完全抄袭以往减刑时撰写的改造材料，且不能完全证明以往改造材料系由其本人独立完成。因此，不能证明其认罪悔罪的真实态度，无法完全认定其确有悔改表现。

（四）监督结果

为发挥刑罚的功能，激励罪犯改造，确保刑罚执行公平公正。2019年5月29日，清河人民检察院依法建议清园监狱暂停对该犯的减刑提请，清园监狱同意清河人民检察院建议，决定对该犯减刑暂不审批；2019年7月1日，清园监狱再次向清河人民检察院征求段某某一案意见，鉴于该犯所获奖励、财产刑履行、提请减刑间隔及减刑幅度均符合相关规定，且程序合法，虽曾有抄袭改造材料的违纪行为，但情节轻微，危害性不大，并重新撰写了改造材料，清河人民检察院依法建议清园监狱对该犯减刑从严把握，清园监狱同意清河人民检察院建议，对该犯缩减减刑幅度1个月。

此案办理以后，清园监狱党委高度重视，积极研究制定了相应制度，改变了以往由罪犯本人利用课余时间自行撰写改造材料的方式，而是将拟提请减刑、假释罪犯集中在教育场所，由教育科、刑罚执行科相关部门现场监督，罪犯按要求现场撰写《认罪悔罪》等改造材料，有效避免了材料造假行为。此外，积极采取措施加强和改进教育改造工作。

典型意义

1. 为检察机关审查和监督提请减刑假释案件提供了一个新的审查重点，探索了一种新的方法。即引导检察官更加关注审查罪犯对自己所犯罪行性质、危害的认识是否真实、深刻、到位，是否真诚忏悔，是否树立法律红线意识。采取提问、现场测试等各种行之有效的方法进行综合审查，加大监督力度。

2. 促进监狱机关加大对罪犯教育改造的力度。长期以来,监狱机关或多或少存在"重监管、轻改造""重劳动改造、轻教育改造"的倾向。罪犯只要遵守监规、完成劳动任务好,就能在计分考核中得高分获得减刑或假释,至于思想上是否改造好了,是否真正转变成了"守法公民",则长期不被关注和重视。该案的办理,极大地冲击了以往"以分计奖""以奖减刑"的消极观念,在罪犯群体中引起了强烈反响,有力引导并促进监狱机关高度重视罪犯的思想教育改造,采取措施提升教育改造水平。

相关规定

1. 《中华人民共和国刑法》第七十八条

被判处管制、拘役、有期徒刑、无期徒刑的犯罪分子,在执行期间,如果认真遵守监规,接受教育改造,确有悔改表现的,或者有立功表现的,可以减刑;有下列重大立功表现之一的,应当减刑:

(一) 阻止他人重大犯罪活动的;

(二) 检举监狱内外重大犯罪活动,经查证属实的;

(三) 有发明创造或者重大技术革新的;

(四) 在日常生产、生活中舍己救人的;

(五) 在抗御自然灾害或者排除重大事故中,有突出表现的;

(六) 对国家和社会有其他重大贡献的。

减刑以后实际执行的刑期不能少于下列期限:

(一) 判处管制、拘役、有期徒刑的,不能少于原判刑期的二分之一;

(二) 判处无期徒刑的,不能少于十三年;

（三）人民法院依照本法第五十条第二款规定限制减刑的死刑缓期执行的犯罪分子，缓期执行期满后依法减为无期徒刑的，不能少于二十五年，缓期执行期满后依法减为二十五年有期徒刑的，不能少于二十年。

2.《最高人民法院关于办理减刑、假释案件具体应用法律的规定》第三条

"确有悔改表现"是指同时具备以下条件：

（一）认罪悔罪；

（二）遵守法律法规及监规，接受教育改造；

（三）积极参加思想、文化、职业技术教育；

（四）积极参加劳动，努力完成劳动任务。

对职务犯罪、破坏金融管理秩序和金融诈骗犯罪、组织（领导、参加、包庇、纵容）黑社会性质组织犯罪等罪犯，不积极退赃、协助追缴赃款赃物、赔偿损失，或者服刑期间利用个人影响力和社会关系等不正当手段意图获得减刑、假释的，不认定其"确有悔改表现"。

罪犯在刑罚执行期间的申诉权利应当依法保护，对其正当申诉不能不加分析地认为是不认罪悔罪。

天津市人民检察院第一分院对监狱提请罪犯蔺某减刑监督案
——加强财产性判项执行监督、促进刑罚执行公平公正

关键词

罪犯减刑　财产性判项　被害人　法律效果　社会效果

要旨

检察机关在办理减刑案件时,应当综合考察罪犯犯罪的性质和具体情节、社会危害程度、原判刑罚及生效裁判中财产性判项的履行情况、交付执行后的一贯表现等因素,关注监狱对罪犯履行财产性判项的能力的调查,根据调查结果依法提出从宽或从严的检察意见,强化财产性判项执行监督促进刑罚执行公平公正,实现法律效果和社会效果相统一。

基本案情

罪犯蔺某,男,汉族,1980年12月23日出生,因犯故意杀人罪于2010年8月9日被天津市河北区人民法院判处有期徒刑13年,附带民事赔偿共计187254元,附带民事原告人对判决

不服，提出上诉。天津市第一中级人民法院于2010年9月20裁定驳回上诉，维持原判。该犯刑期至2020年4月10日止，于2011年1月5日被交付天津市河西监狱执行。2019年5月，天津市河西监狱认为蔺某能够认罪悔罪，服从管理，自觉遵守法律法规和监规监纪，积极参加学习，努力完成劳动任务，对其提请减刑，向天津市人民检察院第一分院提出减刑建议。

检察机关监督情况

（一）线索发现

2019年5月15日，天津市人民检察院第一分院收到天津市河西监狱抄送的对罪犯蔺某提请减刑建议书副本后，对该建议进行了审查。经审查发现，罪犯蔺某刑事附带民事赔偿判决义务一直未主动履行，因其名下无可供执行财产，法院一直未能执行。执行机关考虑其未履行民事赔偿义务，对其减刑幅度从严掌握。

（二）调查核实

承办人调取蔺某服刑期间的原始档案材料，了解蔺某在本次考核期内的实际表现和刑事判项执行情况、听取被害人意见。经调查核实，蔺某在本次减刑考核期内，能够做到遵守监规纪律，积极参加思想、文化、职业技术教育，完成劳动任务，但生效判决确定的附带民事赔偿却仍未履行。被害人王某因蔺某的犯罪行为遭受了身体和心理的双重伤害，9年来一家人对此事一直耿耿于怀。

针对上述情况，承办人立即开展工作，将公理、人情、道德与法律融为一体，多次对蔺某及其家属释法明理，晓以利害，督促其积极履行附带民事赔偿判决义务。在承办人多次不懈努力和监管单位的配合下，蔺某深刻认识到自己的犯罪行为给被害人及其家属造成的恶劣影响，其家属在短时间内筹到赔偿款并主动找到王某达成和解协议，一次性赔偿 18 万元，以实际行动修复因其犯罪行为所损害的社会关系，获得了被害人谅解。

（三）监督意见

基于罪犯蔺某积极履行附带民事赔偿义务并得到被害人的谅解，同时结合其在本次减刑考核期内的改造表现，承办人认定其确有悔改表现，同意刑罚执行机关提出的减刑建议，建议法院对蔺某裁定减刑，并可从宽掌握减刑幅度。

（四）监督结果

2019 年 7 月 15 日，天津市第一中级人民法院作出减刑裁定，认为蔺某在服刑期间能够认罪悔罪，且财产性判项已执行完毕，认定其确有悔改表现，裁定对蔺某减刑 7 个月。同时，被害人王某对拿到已判决长达 9 年的赔偿款非常欣慰和感激，对案件承办人积极主动履行刑事执行检察监督职能表示衷心感谢。此事件在罪犯中也引发了良性示范效应，很多罪犯表示要主动履行财产性判项义务，以实际行动体现认罪悔罪的改造表现。

典型意义

1. 加强财产性判项执行监督，依法对刑罚变更执行案件提出检察意见，促进刑罚执行公平公正。人民检察院在办理减刑、假释工作时，应将罪犯是否履行财产性判项义务作为提请减刑的重要考量因素。在对案卷审查时，不仅考察其服刑期间的一贯表现，还应考察其财产性判项履行能力和履行情况，对罪犯积极履行财产性判项义务的，在减刑、假释时可以从宽掌握；确有履行能力而不履行财产性判项义务的，在减刑、假释时应当从严掌握。

2. 转变财产性判项执行、履行、监督观念，深刻认识财产性判项的重要性。实践中，法院长期以来面临财产刑执行难的问题，这和当事各方对财产刑重要性认识不足是分不开的。重自由刑轻财产刑的传统在法院、监狱和罪犯的观念中根深蒂固。法院比较重视实刑的判罚和执行，对财产性判项执行工作重视不够；监狱比较重视罪犯的自由刑执行和劳动改造，对附加刑和教育改造重视不够；罪犯和家属比较在意自由刑的长短，而对财产性判项抵触漠视。当事各方都应积极转变观念，充分认识财产性判项执行的重要性，检察机关也应加强对财产刑执行的监督力度。

3. 在办案中更新监督理念，确保法律效果和社会效果相统一。面对刑事执行检察工作出现的新变化、新挑战，检察机关应不断更新监督理念，强化财产性判项执行监督。财产性判项执行事关惩治、预防犯罪的效果、当事人合法权利保障及司法公信力维护。每一个案件背后都联系到社会的细胞，关系到社会的稳定和谐，因此承办人应站在最大程度化解社会矛盾的角度，勇于担当作为，维护司法公正，促进社会和谐。本案承办人摒弃了机械办案的思维，主动担当作为，积极履行刑事执行检察监督职责，在全面了解并深入分析罪犯未能履行刑事附带民事赔偿判决义务的主客观原因基础上，耐心细致进行思想教育和心理引导，促使罪犯以实际行动体现确有悔改表现，通过个案的示范效应以点带面，积极促进财产性判项的履行，保障被害人合法权益，切实维护了法律的尊严和司法公正，实现了法律效果和社会效果的有机统一。

相关规定

1. 《中华人民共和国刑法》第七十八条

被判处管制、拘役、有期徒刑、无期徒刑的犯罪分子，在执行期间，如果认真遵守监规，接受教育改造，确有悔改表现的，或者有立功表现的，可以减刑；有下列重大立功表现之一的，应当减刑：

（一）阻止他人重大犯罪活动的；

（二）检举监狱内外重大犯罪活动，经查证属实的；

（三）有发明创造或者重大技术革新的；

（四）在日常生产、生活中舍己救人的；

（五）在抗御自然灾害或者排除重大事故中，有突出表现的；

（六）对国家和社会有其他重大贡献的。

减刑以后实际执行的刑期不能少于下列期限：

（一）判处管制、拘役、有期徒刑的，不能少于原判刑期的二分之一；

（二）判处无期徒刑的，不能少于十三年；

（三）人民法院依照本法第五十条第二款规定限制减刑的死刑缓期执行的犯罪分子，缓期执行期满后依法减为无期徒刑的，不能少于二十五年，缓期执行期满后依法减为二十五年有期徒刑的，不能少于二十年。

2. 《中华人民共和国刑事诉讼法》第二百七十三条

罪犯在服刑期间又犯罪的，或者发现了判决的时候所没有发现的罪行，由执行机关移送人民检察院处理。

被判处管制、拘役、有期徒刑或者无期徒刑的罪犯，在执行期间确有悔改或者立功表现，应当依法予以减刑、假释的时候，由执行机关提出建议书，报请人民法院审核裁定；并将建议书副本抄送人民检察院。人民检察院可以向人民法院提出书面意见。

3.《最高人民法院关于办理减刑、假释案件具体应用法律的规定》第二条

对于罪犯符合刑法第七十八条第一款规定"可以减刑"条件的案件，在办理时应当综合考察罪犯犯罪的性质和具体情节、社会危害程度、原判刑罚及生效裁判中财产性判项的履行情况、交付执行后的一贯表现等因素。

4.《最高人民法院关于办理减刑、假释案件具体应用法律的规定》第七条

对符合减刑条件的职务犯罪罪犯，破坏金融管理秩序和金融诈骗犯罪罪犯，组织、领导、参加、包庇、纵容黑社会性质组织犯罪罪犯，危害国家安全犯罪罪犯，恐怖活动犯罪罪犯，毒品犯罪集团的首要分子及毒品再犯，累犯，确有履行能力而不履行或者不全部履行生效裁判中财产性判项的罪犯，被判处十年以下有期徒刑的，执行二年以上方可减刑，减刑幅度应当比照本规定第六条从严掌握，一次减刑不超过一年有期徒刑，两次减刑之间应当间隔一年以上。

对被判处十年以上有期徒刑的前款罪犯，以及因故意杀人、强奸、抢劫、绑架、放火、爆炸、投放危险物质或者有组织的暴力性犯罪被判处十年以上有期徒刑的罪犯，数罪并罚且其中两罪以上被判处十年以上有期徒刑的罪犯，执行二年以上方可减刑，减刑幅度应当比照本规定第六条从严掌握，一次减刑不超过一年有期徒刑，两次减刑之间应当间隔一年六个月以上。

罪犯有重大立功表现的，可以不受上述减刑起始时间和间隔时间的限制。

5.《最高人民法院关于办理减刑、假释案件具体应用法律的规定》第四十一条

本规定所称"财产性判项"是指判决罪犯承担的附带民事赔偿义务判项,以及追缴、责令退赔、罚金、没收财产等判项。

6.《人民检察院刑事诉讼规则》第六百四十五条

人民检察院发现人民法院执行刑事裁判涉财产部分具有下列情形之一的,应当依法提出纠正意见:

(一)执行立案活动违法的;

(二)延期缴纳、酌情减少或者免除罚金违法的;

(三)中止执行或者终结执行违法的;

(四)被执行人有履行能力,应当执行而不执行的;

(五)损害被执行人、被害人、利害关系人或者案外人合法权益的;

(六)刑事裁判全部或者部分被撤销后未依法返还或者赔偿的;

(七)执行的财产未依法上缴国库的;

(八)其他违法情形。

人民检察院对人民法院执行刑事裁判涉财产部分进行监督,可以对公安机关查封、扣押、冻结涉案财物的情况,人民法院审判部门、立案部门、执行部门移送、立案、执行情况,被执行人的履行能力等情况向有关单位和个人进行调查核实。

河北省张家口市人民检察院对监狱提请罪犯邢某某减刑监督案

——加强对监狱计分考核工作监督及时发现纠正违法违规问题

关键词

罪犯减刑　计分考核　表扬无效

要旨

减刑与罪犯的切身利益息息相关，计分考核结果及相应表扬，是监狱提请罪犯减刑的重要依据。检察机关在办理减刑案件时，应对罪犯认罪悔罪、日常改造表现、计分考核、原判刑罚及生效裁判中财产性判项履行情况等进行综合审查，及时发现并纠正违法违规问题，切实做到在办案中监督、在监督中办案，有力维护监管场所秩序、稳定和罪犯的合法权益，使罪犯在每一起减刑案件中感受到公平正义。

基本案情

罪犯邢某某，男，初中文化，1985年7月7日出生，河北省宁晋县人。2017年3月3日因犯合同诈骗罪被北京市第二中级人民法院判处有期徒刑10年，并处罚金人民币1万元。刑期自2015年6月3日起至2025年6月2日止。2017年3月28日交付执行，2017年7月11日由北京天河监狱调入张家口监狱服刑。

2019年10月，张家口监狱在办理减刑过程中，认定罪犯邢某某能够认真遵守监规监纪，接受教育改造，获得考核表扬奖励次数、间隔时间均符合减刑条件，确有悔改表现，拟对该犯提请减刑。

检察机关监督情况

（一）线索发现

2019年10月21日，张家口监狱就罪犯邢某某提请减刑征求检察机关意见，并将案件材料报张家口市人民检察院驻张家口监狱检察室审查。驻狱检察室随即对罪犯邢某某认罪悔罪、遵守法律法规及监规监纪、教育改造、"三课"学习、任务完成、计分考核、减刑起报条件等情况进行调查核实。经查，驻狱检察室发现罪犯邢某某在计分考核方面可能存在违法违规问题。

（二）调查核实

为了确保检察意见的针对性和办案的准确性，派驻检察室依法依规对邢某某减刑一案进行了深入调查核实。通过查阅罪犯邢某某的案卷、计分考核、消费流水等材料，以及询问所在监区干警及罪犯，认定该犯的计分考核确实存在违法违规问题。具体情况是：罪犯邢某某分别于2017年10月至2018年2月、2018年

3月至2018年7月、2018年8月至2019年2月、2019年3月至7月期间共获得4次考核表扬。根据《司法部关于计分考核罪犯的规定》第27条规定，罪犯考核积分达到600分，且每部分考核得分不低于其基础分60%的，经监区计分考核小组审查并报监狱计分考核领导小组批准后，给予一次表扬；任何一部分考核得分低于其基础分60%的，仅给予物质奖励。罪犯邢某某在2018年8月至2019年2月计分考核周期内，劳动改造基础分为35×7＝245分，其40%为245×0.4＝98分，但该犯劳动改造一项共扣除99分，所扣分值大于基础分的40%，其实际得分已低于基础分的60%。因此，按照相关规定，罪犯邢某某在本计分周期内不应给予考核表扬，仅应给予物质奖励，所获得的表扬应视为无效。

（三）监督意见

驻张家口监狱检察室认为，张家口监狱对罪犯邢某某的计分考核确实存在违法违规行为。根据调查查明的事实，于2019年11月14日向张家口监狱发出《纠正违法通知书》。

（四）监督结果

张家口监狱收到《纠正违法通知书》后，于2019年11月15日进行了回函。回函中明确，张家口监狱已对罪犯邢某某在2018年8月至2019年2月期间获得的表扬予以撤销，并撤回罪犯邢某某的减刑提请建议。

典型意义

1. 刑罚变更执行涉及罪犯切身利益，检察机关应在办案中加强监督。刑罚变更执行是刑法、刑事诉讼法所确定的刑罚执行中的一项重要法律制度，也是鼓励罪犯积极参加教育改造的一种激励措施，与罪犯的切身利益息息相关。对刑罚变更执行进行监督是法律赋予检察机关的一项重要职责，也是确保司法公正、提升司法公信力的重要环节。减刑作为刑罚变更的主要内容，也是容易产生执法不公的环节，因而成为检察机关刑罚执行监督工作的重点。张军检察长反复强调，法律监督说到底就是办案。刑事执行检察部门担负着对刑罚变更执行监督的法定职责，在实施监督过程中应彻底摆脱"办事"模式，真正树立"办案"思维，立足办案、加强监督，不能为了办案而办案，切实做到在办案中监督、在监督中办案。通过不断提高办案质量，来增强对刑罚执行机关执法活动的法律监督效果，有力维护监管场所秩序稳定和罪犯的合法权益，为将罪犯改造成为守法公民贡献检察力量。

2. 办理罪犯减刑案件，应把握重点、有的放矢，强化监督实效。对监狱提请的减刑案件，应依据法律法规逐人立案、逐案审查，强化证据意识，注重调查核实，确保办案质量。办理减刑案件时，应把握监督重点、突出关键节点，做到有的放矢，不断增强监督实效。监督对象上，着重加强对职务犯罪、金融犯罪、涉黑犯罪"三类罪犯"等重点罪犯的监督；监督内容上，突出对罪犯计分考核、立功奖惩、病情鉴定、财产性判项履行、消费流水、调监等重点环节的监督；监督方式上，坚持书面审查与实地调查相结合，严把案件事实关、程序关、证据关、法律适用关，力争实现案件办理的政治效果、社会效果和法律效果相统一。

3. 办理罪犯减刑案件，应见微知著、明察秋毫，通过办案发现和纠正违法违规问题。检察机关对刑罚执行机关的监督属于外部监督，并且以事后监督为主，易出现监督滞后、监督不全面等问题,这就需要综合派驻检察、巡回检察、案件办理等多种方法进行监督。在日常办理罪犯减刑案件时,通过对个案严格审查,及时发现和纠正假计分、假立功和假鉴定等违法违规情形。对于有立功或重大立功表现、计分周期短、考核奖励多以及减刑幅度大、起报时间早、间隔时间短或者实际执行刑期短等可疑性较大的减刑案件,强化调查取证,注重证据的收集、固定、审查和运用,着力发现和监督纠正刑罚变更执行中存在的违法违规问题。将办理减刑案件作为对刑罚执行机关实施法律监督的一种重要方式,提高对重点人员、关键环节、重要证据的关注度和敏感度,及时发现违法违规问题的蛛丝马迹,调查核实后依法提出纠正意见,做到办一批案件,纠正一类问题,让罪犯在检察机关办理的每一起减刑案件中感受到公平正义。

相关规定

1. 《中华人民共和国刑法》第七十八条

被判处管制、拘役、有期徒刑、无期徒刑的犯罪分子,在执行期间,如果认真遵守监规,接受教育改造,确有悔改表现的,或者有立功表现的,可以减刑;有下列重大立功表现之一的,应当减刑:

(一)阻止他人重大犯罪活动的;

(二)检举监狱内外重大犯罪活动,经查证属实的;

(三)有发明创造或者重大技术革新的;

(四)在日常生产、生活中舍己救人的;

(五)在抗御自然灾害或者排除重大事故中,有突出表现的;

(六)对国家和社会有其他重大贡献的。

减刑以后实际执行的刑期不能少于下列期限：

（一）判处管制、拘役、有期徒刑的，不能少于原判刑期的二分之一；

（二）判处无期徒刑的，不能少于十三年；

（三）人民法院依照本法第五十条第二款规定限制减刑的死刑缓期执行的犯罪分子，缓期执行期满后依法减为无期徒刑的，不能少于二十五年，缓期执行期满后依法减为二十五年有期徒刑的，不能少于二十年。

2.《中华人民共和国刑事诉讼法》第二百七十六条

人民检察院对执行机关执行刑罚的活动是否合法实行监督。如果发现有违法的情况，应当通知执行机关纠正。

3.《中华人民共和国监狱法》第六条

人民检察院对监狱执行刑罚的活动是否合法，依法实行监督。

4.《最高人民法院关于办理减刑、假释案件具体应用法律的规定》第二条

对于罪犯符合刑法第七十八条第一款规定"可以减刑"条件的案件，在办理时应当综合考察罪犯犯罪的性质和具体情节、社会危害程度、原判刑罚及生效裁判中财产性判项的履行情况、交付执行后的一贯表现等因素。

5.《司法部关于计分考核罪犯的规定》第二十七条

罪犯考核积分达到600分，且每部分考核得分不低于其基础分60%的，经监区计分考核小组审查并报监狱计分考核领导小组批准后，给予一次表扬；任何一部分考核得分低于其基础分60%的，仅给予物质奖励。

给予表扬或者物质奖励的，从罪犯考核积分中扣除600分，剩余积分转入下一个考核周期。

山西省永济董村地区人民检察院对监狱提请罪犯黄某某减刑不当监督案

——准确适用剩余刑期起算标准以维护法律适用的严肃公正

关键词

判决生效后　　判决执行之日　　剩余刑期

要旨

罪犯符合《刑法》第78条第1款规定"可以减刑"的法定条件，但监狱和检察机关在对"剩余刑期不满二年"的起始点上认识有分歧，人民检察院应当提出监督意见，及时予以纠正。保障刑罚执行的公平公正，督促监狱提高执法办案的规范化水平，实现办案监督的双赢、多赢、共赢效果。

基本案情

罪犯黄某某，男，1969年1月23日生，汉族，高中文化，原籍吉林省吉林市，住山西省晋城市城区××区××号。

2017年12月13日，黄某某因贩卖毒品罪、容留他人吸毒罪被山西省晋城市城区人民法院判处有期徒刑2年8个月（刑期自 2017 年 6 月 23 日至 2020 年 2 月 22 日），并处罚金人民币 5000 元、追缴 1620 元（已全部缴纳）。罪犯黄某某对判决不服，提出上诉，2018 年 1 月 22 日被山西省晋城市中级人民法院以（2018）晋 05 刑终 74 号刑事裁定书裁定驳回上诉，维持原判。2018 年 3 月 6 日交付监狱服刑。

2019 年 9 月 11 日，山西省永济监狱以罪犯黄某某获得监狱表扬 1 次，余 519 分，三课教育思想 89 分，文化 82 分（考核截至 2019 年 6 月）为由，拟对罪犯黄某某提请减刑 4 个月，报请董村地区人民检察院监督审查。

检察机关监督情况

（一）线索发现

2019 年 9 月，山西省永济监狱进行第二批次减刑、假释，将本案提请董村地区人民检察院审查监督。检察人员初步审查发现罪犯黄某某系首次减刑，且表扬数少于同批减刑的其他罪犯，山西省永济监狱对黄某某提请减刑可能不当。

（二）调查核实

1. 对罪犯黄某某的现实表现进行实体方面审查。检察人员通过认真查阅案卷，审查了罪犯黄某某减刑报告、评审鉴定表、罪犯登记台账、奖励审批表、考核审批表等案卷材料；深入监区与监狱民警、监区罪犯进行了谈话、询问，发现罪犯黄某某能认罪悔罪，遵守法律法规及监规，认真接受教育改造，积极参加思想、文化、职业技术教育，积极参加劳动，努力完成劳动任务，确有悔改表现，符合《中华人民共和国刑法》第 78 条、《中华人民共和国监狱法》第 29 条可以减刑的法定条件。

2. 对罪犯黄某某提请减刑材料进行形式方面审查。查看了罪犯黄某某的判决书、罪犯入监证、执行通知书等减刑材料，发现罪犯黄某某减刑资格存在以下问题：

监狱认为，黄某某的"剩余刑期"应从判决执行之日起计算，即交付监狱执行的 2018 年 3 月 6 日起算，到其刑期止日 2020 年 2 月 22 日黄某某剩余刑期已不满两年，因此虽然黄某某仅获得 1 个表扬，表扬数少于其他同批提请减刑的罪犯，但是依据《最高人民法院关于办理减刑、假释案件具体应用法律的规定》（法释〔2016〕23 号）第 16 条之规定，可以适当放宽条件。

（三）监督意见

董村地区人民检察院在审查中发现：罪犯黄某某的"剩余刑期"是否已满两年成为认定其是否能获得减刑资格的关键。《最高人民法院关于办理减刑、假释案件具体应用法律的规定》第 16 条规定："被判处管制、拘役的罪犯，以及判决生效后剩余刑期不满二年有期徒刑的罪犯，符合减刑条件的，可以酌情减刑，减刑的起始时间可以适当缩短，但实际执行的刑期不得少于原判刑期的二分之一。"因此，罪犯黄某某不属于可以酌情减刑的情形。

董村地区人民检察院分析认为：监狱对"剩余刑期"的理解和认定没有明确的法律规定，不符合以事实为根据，以法律为准绳的刑法适用原则。永济监狱在对黄某某提请减刑时，将判决生效后的剩余刑期与判决执行之日后的剩余刑期相混淆，扩大了对减刑案件中限制性条件的适用范围，属于适用法律不当。

本案从判决生效后开始计算剩余刑期。黄某某入监时其"剩余刑期"已超过了两年，因此对该犯提请减刑不应当放宽条件，应予纠正。

（四）监督结果

2019年9月19日，董村地区人民检察院检察人员列席了山西省永济监狱减刑假释评审会，宣读了晋董检执检（假）提请意〔2019〕319号《减刑（假释）提请活动检察意见书》。董村地区人民检察院认为罪犯黄某某属于不满五年有期徒刑的罪犯，虽然执行了一年以上但仅仅获得一个表扬，且判决生效后剩余刑期超出两年有期徒刑，建议不予提请减刑。2019年9月29日，监狱对董村地区人民检察院检察意见书予以书面回复，同意取消罪犯黄某某的该次减刑资格。

典型意义

在减刑案件中，罪犯是否能够获得提请减刑资格，应当综合其现实表现、奖励情况、服刑时间以及减刑提请的起始时间、间隔时间等情况确定。

本案中对罪犯黄某某是否符合减刑的法定条件，董村地区人民检察院和永济监狱双方并无争议，但对该犯是否符合本次提请减刑的资格条件双方存在争议。董村地区人民检察院通过此次减刑监督，明确了对罪犯提请减刑时计算"剩余刑期不满两年"的起始点为"判决生效之日"。

经了解，实践中监狱在对罪犯提请减刑时，计算"剩余刑期不满两年"的起始点是存在分歧的，有的认为起始点为"执行通知书日期"，有的认为起始点为"判决执行之日"的。而监狱对计算"剩余刑期不满两年"的起始点存在的分歧并没有引起监狱系统的重视，主要原因在于：一是监狱提请减刑时剩余刑期不满两年的案件比较少;二是监狱为保险起见,一般对没有获得2个表扬奖励的罪犯不考虑提请减刑。

根据《人民检察院刑事诉讼规则》第636条:"人民检察院发现监狱等执行机关提请人民法院裁定减刑、假释的活动有下列情形之一的,应当依法提出纠正意见:……(四)提请对罪犯减刑的减刑幅度、起始时间、间隔时间或者减刑后又假释的间隔时间不符合有关规定的;……"本案的有效监督,既纠正了监狱的不当提请减刑行为,保障了刑罚执行的公平公正,又督促监狱提高执法办案的规范化水平,切实维护了法律适用的严肃公正,实现了办案监督的双赢多赢共赢效果。

相关规定

1.《中华人民共和国刑法》第七十八条

被判处管制、拘役、有期徒刑、无期徒刑的犯罪分子,在执行期间,如果认真遵守监规,接受教育改造,确有悔改表现的,或者有立功表现的,可以减刑;有下列重大立功表现之一的,应当减刑:

(一)阻止他人重大犯罪活动的;

(二)检举监狱内外重大犯罪活动,经查证属实的;

(三)有发明创造或者重大技术革新的;

(四)在日常生产、生活中舍己救人的;

(五)在抗御自然灾害或者排除重大事故中,有突出表现的;

(六)对国家和社会有其他重大贡献的。

减刑以后实际执行的刑期不能少于下列期限:

（一）判处管制、拘役、有期徒刑的，不能少于原判刑期的二分之一；

（二）判处无期徒刑的，不能少于十三年；

（三）人民法院依照本法第五十条第二款规定限制减刑的死刑缓期执行的犯罪分子，缓期执行期满后依法减为无期徒刑的，不能少于二十五年，缓期执行期满后依法减为二十五年有期徒刑的，不能少于二十年。

2.《中华人民共和国监狱法》第二十九条

被判处无期徒刑、有期徒刑的罪犯，在服刑期间确有悔改或者立功表现的，根据监狱考核的结果，可以减刑。有下列重大立功表现之一的，应当减刑：

（一）阻止他人重大犯罪活动的；

（二）检举监狱内外重大犯罪活动，经查证属实的；

（三）有发明创造或者重大技术革新的；

（四）在日常生产、生活中舍己救人的；

（五）在抗御自然灾害或者排除重大事故中，有突出表现的；

（六）对国家和社会有其他重大贡献的。

3.《人民检察院刑事诉讼规则》第六百三十五条

人民检察院受到执行机关抄送的减刑、假释建议书副本后，应当逐案进行审查。发现减刑、假释建议不当或者提请减刑、假释违反法定程序的，应当在十日以内报经检察长批准，向审理减刑、假释案件的人民法院提出书面检察意见，同时也可以向执行机关提出书面纠正意见。案情复杂或者情况特殊的，可以延长十日。

4.《人民检察院刑事诉讼规则》第六百三十六条

人民检察院发现监狱等执行机关提请人民法院裁定减刑、假释的活动具有下列情形之一的，应当依法提出纠正意见：

（一）将不符合减刑、假释法定条件的罪犯，提请人民法院裁定减刑、假释的；

（二）对依法应当减刑、假释的罪犯，不提请人民法院裁定减刑、假释的；

（三）提请对罪犯减刑、假释违反法定程序，或者没有完备的合法手续的；

（四）提请对罪犯减刑的减刑幅度、起始时间、间隔时间或者减刑后又假释的间隔时间不符合有关规定的；

（五）被提请减刑、假释的罪犯被减刑后实际执行的刑期或者假释考验期不符合有关法律规定的；

（六）其他违法情形。

5.《最高人民法院关于办理减刑、假释案件具体应用法律的规定》第十六条

被判处管制、拘役的罪犯，以及判决生效后剩余刑期不满二年有期徒刑的罪犯，符合减刑条件的，可以酌情减刑，减刑起始时间可以适当缩短，但实际执行的刑期不得少于原判刑期的二分之一。

内蒙古小黑河地区人民检察院对监狱提请罪犯管某某暂予监外执行监督案

——依法维护怀孕女性罪犯的合法权益

关键词

女性罪犯　收监　怀孕　调查核实　暂予监外执行

要旨

根据相关法律规定,对判处拘役、有期徒刑、无期徒刑的怀孕女性罪犯可以暂予监外执行,人民检察院可以向批准或决定机关依法提出书面监督意见。人民检察院办理女性罪犯因怀孕暂予监外执行监督案件,应当从保护人权、依法维护怀孕罪犯合法权益、发现司法工作人员渎职犯罪线索等角度出发,依法深入调查核实,规范办理案件。体现人道主义精神和宽严相济的刑事政策。

基本案情

罪犯管某某,女,1994年12月18日出生,汉族,初中文化,因犯引诱幼女卖淫罪、介绍卖淫罪于2017年6月7日被判处有期徒刑6年，并处罚金人民币3万元，刑期至2023年3月1日。2018年12月6日，交付内蒙古自治区第一女子监狱执行刑罚。2019年4月，内蒙古自治区第一女子监狱发现罪犯管某某怀孕，拟对其提请暂予监外执行，征求检察机关意见。

检察机关监督情况

（一）线索发现

2019年4月，内蒙古自治区第一女子监狱发现罪犯管某某怀孕，并将相关情况通报检察机关。5月24日，内蒙古自治区第一女子监狱就罪犯管某某提请暂予监外执行一案征求检察机关意见。内蒙古自治区第一女子监狱认为，根据2019年4月30日，内蒙古自治区监狱管理局第一医院对罪犯管某某出具的内狱一医鉴字（2019）Y005号罪犯暂予监外执行病情鉴定意见书及妊娠检查书，可以认定罪犯管某某孕22周，符合暂予监外执行条件。内蒙古自治区小黑河地区人民检察院审查认为，罪犯管某某怀孕事实存在，但需要查明其怀孕的具体情节，排除其故意怀孕逃避刑事处罚及相关司法工作人员渎职犯罪可能。

（二）调查核实

为了确保监督意见的准确性，承办检察官依照刑事诉讼法相关规定及暂予监外执行的条件重点开展了以下调查核实工作：一是对管某某的主要犯罪事实及前期执行情况进行了调查核实。通过调阅内蒙古自治区第一女子监狱关于罪犯管某某怀孕的调查案卷，查明：（1）在案件侦查阶段，管某某因怀孕于2016年5月4日被取保候审，2016年10月12日生下儿子（张某某），判决生效后，因其哺乳婴儿，于 2017 年 6 月 14 日被乌兰察布市集宁区人民法院决定暂予监外执行。（2）2017 年 10 月 12 日，罪犯管某某哺乳期届满，集宁区人民法院在收监执行过程中发现其再次怀孕，于 2017 年 10 月 13 日再次决定对其暂予监外执行。（3）2018 年 11 月 30 日，罪犯管某某哺乳期届满，集宁区人民法院依法决定对其收监执行，同日送看守所（看守所羁押 6 天），2018 年 12 月 6 日，交付内蒙古自治区第一女子监狱执行刑罚。二是对管某某怀孕情况进行了调查核实。通过询问罪犯本人、监管民警及相关人员，调取孕情鉴定意见书及妊娠检查书，认定罪犯管某某孕期为孕 3 产 2，孕 22 周，怀孕事实存在。三是对管某某怀孕经过进行了调查核实。通过询问鉴定大夫、罪犯本人及其丈夫，结合孕情鉴定意见，倒推怀孕日期大致在 2018 年 11 月 20 日前后，怀孕日期早于收监执行日期，排除其故意怀孕逃避刑事处罚及看守所和监狱司法工作人员渎职犯罪可能。四是对管某某家庭等是否具有监管条件和能力进行了调查核实。通过询问、调查、了解证实，罪犯管某某的保证人为其母亲席某某，管某某的两个孩子均由保证人负责照顾，有固定的住址和一定的收入，无违法犯罪记录，保证人符合条件，管某某的丈夫从事个体司机工作，收入稳定，居住地乌兰察布市集宁区司法局同意对罪犯管某某适用社区矫正，认定其家庭有帮教能力。

（三）监督意见

2019 年 5 月 24 日，内蒙古自治区小黑河地区人民检察院提出，未发现内蒙古自治区第一女子监狱对罪犯管某某暂予监外执行建议不当，同意将案件交监狱长办公会审核的检察意见，同时建议该狱在办理暂予监外执行期间，要从保障和维护人权角度出发，依法维护罪犯管某某的合法权益，必要的时候适当增加营养、暂时停止劳动，确保其胎儿正常发育。监狱报请内蒙古自治区监狱管理局审批后，小黑河地区人民检察院于同年5月27日向内蒙古自治区监狱管理局出具《暂予监外执行提请检察意见书》，建议批准对罪犯管某某暂予监外执行。

（四）监督结果

该案系一起特殊的女性罪犯暂予监外执行案，该犯因怀孕被取保候审，又因哺乳自己婴儿被决定暂予监外执行，在暂予监外执行期间再次怀孕，怀孕哺乳期届满收监执行时未发现怀孕，但在服刑4个月之后又发现怀孕的典型案例。案件办理中，检察机关依法办案，排除罪犯在监狱服刑中故意怀孕逃避刑罚执行及司法工作人员渎职犯罪可能等合理怀疑，形成完整证据链条，认定怀孕事实存在，依法建议批准暂予监外执行。内蒙古监狱管理局采纳检察机关意见，于2019年6月12日作出《暂予监外执行决定书》，批准罪犯管某某暂予监外执行，并于当日移交内蒙古自治区乌兰察布市集宁区司法局接受社区矫正。

典型意义

1. 要牢固树立办案意识。第一时间固定关键证据，对罪犯进行妊娠鉴定，确定是否怀孕及妊娠周期，并针对妊娠问题及时找鉴定小组成员和专业人员深入了解情况，借助"外脑"，准确判断罪犯孕情的发生、发展。同时，紧紧围绕可能致使罪犯怀孕的情况进行分析研判，制定预案，分步实施，确保调查的全面性和针对性。

2. 要与自侦工作协同推进。对符合暂予监外执行条件，但可能涉嫌职务犯罪的情形，要从四方面入手排除合理怀疑。第一,从入监体检医生谈话入手,了解罪犯入监查体时的具体情况。第二,从被暂予监外执行罪犯外围的互监小组成员、同一批看守所投监人员入手,调查监狱民警是否存在失职渎职责任问题。第三,从调取看守所的入所体检记录等入手,调查看守所相关人员是否存在失职渎职责任问题。第四,从罪犯入监前的亲密接触人入手,前后对照证据,排除被暂予监外执行人故意或违法怀孕逃避刑罚嫌疑。

3. 体现人道主义精神和宽严相济刑事政策。对已确诊怀孕的罪犯,第一时间建议刑罚执行机关暂停劳动,通知家人,增加陪护和营养,确保胎儿正常发育。对已决定暂予监外执行的,责成刑罚执行机关做好与社区矫正部门的后续衔接工作,建立孕检正常报告制度,落实好教育引导帮教政策。对普遍存在的女性罪犯入监体检标准过低问题,建议监狱管理机关加大资金和技术投入,从机制和制度上予以解决。

相关规定

1. 《中华人民共和国宪法》第三十三条

凡具有中华人民共和国国籍的人都是中华人民共和国公民。中华人民共和国公民在法律面前一律平等。国家尊重和保障人权。任何公民享有宪法和法律规定的权利,同时必须履行宪法和法律规定的义务。

2. 《中华人民共和国刑事诉讼法》第二百六十五条

对被判处有期徒刑或者拘役的罪犯,有下列情形之一的,可以暂予监外执行:

(一) 有严重疾病需要保外就医的;

(二) 怀孕或者正在哺乳自己婴儿的妇女；

(三) 生活不能自理，适用暂予监外执行不致危害社会的。

对被判处无期徒刑的罪犯，有前款第二项规定情形的，可以暂予监外执行。

对适用保外就医可能有社会危险性的罪犯，或者自伤自残的罪犯，不得保外就医。

对罪犯确有严重疾病，必须保外就医的，由省级人民政府指定的医院诊断并开具证明文件。

在交付执行前，暂予监外执行由交付执行的人民法院决定；在交付执行后，暂予监外执行由监狱或者看守所提出书面意见，报省级以上监狱管理机关或者设区的市一级以上公安机关批准。

3. 《中华人民共和国刑事诉讼法》第二百六十六条

监狱、看守所提出暂予监外执行的书面意见的，应当将书面意见的副本抄送人民检察院。人民检察院可以向决定或者批准机关提出书面意见。

4. 《人民检察院刑事诉讼规则》第六百三十条

人民检察院收到监狱、看守所抄送的暂予监外执行书面意见副本后，应当逐案进行审查，发现罪犯不符合暂予监外执行法定条件或者提请暂予监外执行违反法定程序的，应当在十日以内报经检察长批准，向决定或者批准机关提出书面检察意见，同时抄送执行机关。

5. 《暂予监外执行规定》第五条

对被判处有期徒刑、拘役或者已经减为有期徒刑的罪犯，有下列情形之一，可以暂予监外执行：

(一) 患有属于本规定所附《保外就医严重疾病范围》的严重疾病，需要保外就医的；

（二）怀孕或者正在哺乳自己婴儿的妇女；

（三）生活不能自理的。

对被判处无期徒刑的罪犯，有前款第二项规定情形的，可以暂予监外执行。

辽宁省抚顺市人民检察院对罪犯刘某暂予监外执行监督案

——加强对罪犯病情鉴定意见审查、及时准确发现违法及不当暂予监外执行

关键词

暂予监外执行　鉴定造假　线索移交　双赢多赢共赢

要旨

人民检察院办理暂予监外执行案件，应对罪犯暂予监外执行实体问题和程序问题进行审查，注意发现和查办背后的相关司法工作人员职务犯罪。对司法鉴定意见、病情诊断书进行重点审查，发现其中存在的疑点应当同鉴定机构进行核查。发现不符合暂予监外执行条件的罪犯通过非法手段暂予监外执行的，应依法开展调查核实予以纠正，组织查办司法工作人员相关职务犯罪或将相关线索移送公安机关和监察机关。实现法律监督、刑罚执行、打击犯罪等工作的双赢、多赢、共赢。

基本案情

罪犯刘某，男，1976年5月2日出生，汉族，原系抚顺经济开发区沈东经济区某村村委会主任。该犯因涉嫌贪污于2014年4月21日被辽宁省抚顺经济开发区人民检察院立案侦查，同日因身患高血压未被看守所羁押而转为取保候审。该案经一审及上诉后被发回重审。2016年6月29日，辽宁省抚顺市望花区人民法院作出（2016）辽0404刑初31号刑事判决，认定被告人刘某犯职务侵占罪、挪用资金罪，数罪并罚，决定执行有期徒刑3年。2016年9月23日，辽宁省抚顺市中级人民法院以（2016）辽04刑终196号刑事裁定书，驳回上诉，维持原判。

在抚顺市望花区人民法院审理该案期间，2016年4月7日，抚顺市经济开发区人民检察院委托抚顺矿务局总医院司法鉴定所对被告人刘某是否具备服刑能力进行鉴定，诊断结果为刘某目前所患疾病符合《保外就医严重疾病范围》第3条第4款的规定，暂不具备服刑能力，故被告人刘某在法院判决生效后未被羁押执行刑罚。在清理判处实刑未交付执行刑罚专项活动中，因刘某符合暂予监外执行的司法鉴定已经超过一年，法院要求侦查机关重新对罪犯刘某是否有服刑能力进行司法鉴定。2017年9月25日，抚顺市经济开发区人民检察院再次委托抚顺市中心医院对罪犯刘某是否具备服刑能力进行诊断。诊断结果为：脑内多发梗塞、脑血管病后遗症、高血压二级、高血压冠心病、无法行走执物，符合《保外就医严重疾病范围》第7条第1款脑血管病之规定，后抚顺市望花区人民法院征求抚顺市经济开发区人民检察院同意暂予监外执行。2018年4月25日，抚顺市望花区人民法院作出（2017）辽0404刑更1号暂予监外执行决定书，决定对罪犯刘某暂予监外执行一年（期限自2018年4月25日起至2019年4月24日止）。

检察机关监督情况

（一）线索发现

按照辽宁省人民检察院关于人民法院决定暂予监外执行案件备案审查的制度规定，2018年5月初，抚顺市经济开发区人民检察院执检部门将该暂予监外执行案件材料上报抚顺市人民检察院刑事执行检察局进行备案审查。经承办检察官审查，认为：抚顺市中心医院近半年来极少接受委托进行罪犯病情诊断，甚至有几次拒绝了司法机关的委托，而罪犯刘某的诊断正是该医院出具的，且该犯两次是否有服刑能力司法鉴定病情不一致等存在诸多疑点，需要进一步核查，遂要求抚顺市开经济发区人民检察院对抚顺市中心医院的医疗诊断进行核实，并对该案进行督办。

（二）调查核实

2018年5月17日，抚顺市检察院刑事执行检察局检察官依法对抚顺市经济开发区人民检察院上报备案的罪犯刘某暂予监外执行案进行审查，发现疑点后，要求抚顺市经济开发区人民检察院执检部门对该案的病情诊断书核实真伪，并多次进行沟通、指导、督办。经全面调查，查明：罪犯刘某的病情诊断书并非抚顺市中心医院所出具，系伪造。抚顺市人民检察院随即督促抚顺市经济开发区人民检察院建议抚顺市望花区人民法院启动收监程序。2018年6月15日，抚顺市经济开发区人民检察院建议抚顺市望花区人民法院对罪犯刘某做出收监决定。2018年8月20

日、2018年11月19日抚顺市院执检局两次向开发区检察院制发书面督办函，督导开发区检察院固定罪犯伪造的证据、对相关执法人员是否存在失职渎职等行为进行调查、核实，将其中涉嫌刑事犯罪案件的线索移送公安机关，监督法院启动收监程序等事项，全面开展监督工作。2019年7月19日，抚顺市院执检局经多次沟通、协调后建议抚顺市公安局监管支队对诊断造假的罪犯刘某进行收押。2019年7月22日，开发区检察院、望花区法院、开发区公安局等部门联合将罪犯刘某送抚顺市看守所，市院执检局全程对抚顺市看守所收押过程进行实时协调、监督，对该犯送押时血压明显偏高等病情进行研判，采取有效措施将最终入所体检合格的罪犯刘某依法收押。2019年7月24日，抚顺市人民检察院刑事执行检察局检察官立刻联合监管机关对罪犯刘某适时开展讯问工作，罪犯刘某主动交代了支付他人10万元，骗取暂予监外执行的违法行为。

（三）监督意见

抚顺市人民检察院刑事执行检察局建议望花区法院将罪犯刘某收监执行刑罚；建议抚顺市公安局监管支队对诊断造假的罪犯刘某进行收押并全程同步监督、指导；将办理案件过程中发现的刑事犯罪线索移交公安机关查处，将司法干警失职渎职的违法违纪线索移交抚顺市纪委监委查处。

（四）监督结果

2019年7月22日，罪犯刘某被抚顺市看守所依法收押。2019年8月5日，白某以为罪犯刘某办理《罪犯病情诊断》为由，骗取罪犯刘某10万元钱，抚顺市人民检察院将白某涉嫌诈骗案件线索移送至公安机关，抚顺市公安局顺城分局已立案侦查，依法对其拘留、逮捕，现该案经抚顺市顺城区人民检察院提起公诉，案件正在法院审理之中。

2019年8月5日，抚顺市人民检察院将该案中相关司法工作人员未依法对刘某是否有服刑能力的病情诊断过程进行全程监督等涉嫌违法违纪线索移送抚顺市纪委监委查处，抚顺市纪委监委对相关责任人进行立案调查。

2019年11月7日，经检察机关多次督促，抚顺市望花区人民法院作出（2019）辽0404刑更3号收监执行决定书，确认罪犯刘某监外执行期间不计入刑期，该罪犯刑期自2019年7月22日入所之日起算。

典型意义

该案系辽宁省抚顺市人民检察院刑事执行检察局规范运用暂予监外执行备案审查监督机制，在对罪犯刘某暂予监外执行案件备案审查中发现疑点，通过案件的全面调查、监督、办理、协调，在保证案件办理质量的同时，通过对公安、法院办案活动实体和程序的监督，揭示了诊断造假、社会人员诈骗、司法人员失职等一系列事实，彻底纠正了一起暂予监外执行造假案件，使罪犯被依法收监执行刑罚。通过持续一年多对罪犯刘某暂予监外执行监督案件的办理，一是监督法院和社区矫正机关将暂予监外执行造假罪犯依法收监执行刑罚；二是调查发现多起违法违纪案件线索；三是依法监督抚顺市公安监管机关对屡投不收的罪犯刘某依法收押；四是将涉嫌刑事犯罪的案件线索移交公安机关查处并已采取强制措施；五是将公职人员涉嫌失职渎职违法违纪线索移交纪委监委查处。

该案的成功办理为地区树立了办案典型，维护了公平正义，使刑罚能得到正确有效执行，深挖犯罪线索，维护了法律尊严和权威，实现法律监督、刑罚执行、打击犯罪等工作的双赢多赢共赢。

相关规定

1.《中华人民共和国监察法》第三十四条

人民法院、人民检察院、公安机关、审计机关等国家机关在工作中发现公职人员涉嫌贪污贿赂、失职渎职等职务违法或者职务犯罪的问题线索，应当移送监察机关，由监察机关依法调查处置。

被调查人既涉嫌严重职务违法或者职务犯罪，又涉嫌其他违法犯罪的，一般应当由监察机关的主调查，其他机关予以协助。

2.《暂予监外执行规定》第三十二条

在暂予监外执行执法工作中，司法工作人员或者从事诊断、检查、鉴别等工作的相关人员有玩忽职守、徇私舞弊、滥用职权等违法违纪行为的，依法给予相应的处分；构成犯罪的，依法追究刑事责任。

3.《最高人民检察院关于对职务犯罪罪犯减刑、假释、暂予监外执行案件实行备案审查的规定》第七条

下级人民检察院收到上级人民检察院对备案审查材料处理意见的通知后，应当立即执行，并在收到通知后三十日以内，报告执行情况。

辽宁省沈阳市城郊地区人民检察院
对人民法院不当裁定罪犯屈某某减刑监督案

——充分发挥巡回检察作用发现执法司法漏洞

关键词

巡回检察　亲情电话　违纪处罚　减刑监督

要旨

罪犯在减刑考核期内存在严重违纪行为未被发现和处罚，在不符合法定减刑条件情况下被裁定减刑，不但损害法律的公平正义，而且不利于将罪犯改造成为守法公民。检察机关在巡回检察过程中，以亲情电话为案件突破点，深挖线索，精准监督，规范办案，依法建议人民法院撤销违纪罪犯不当减刑，同时监督监狱及时堵塞监管漏洞，实现监督共赢。

基本案情

罪犯屈某某，冒名闵某某，绰号"小某""毛某""阿某"，男，1985年11月9日出生，汉族，初中文化。2006年12月7日因犯寻衅滋事罪被判处有期徒刑1年6个月，2008年1月1日刑满释放。2009年9月17日因犯强奸、抢劫、聚众斗殴罪，被浙江省杭州市江干区人民法院判处有期徒刑14年，并处罚金人民币1000元。2009年10月13日被投至浙江省第六监狱服刑改造，2010年4月26日被调至辽宁省沈阳造化监狱服刑改造。辽宁省沈阳市中级人民法院于2013年12月10日对该犯裁定减刑1年4个月，于2016年9月21日对该犯裁定减刑11个月，刑期执行至2020年7月15日。

罪犯屈某某在辽宁省沈阳造化监狱服刑期间，于2016年初私藏并使用手机，通过手机交友软件，先后结识辽宁籍人徐某某（女，未婚）、山东籍人朱某某（女，已婚）。罪犯屈某某分别与徐某某、朱某某先使用手机微信进行聊天，后将徐某某的手机号码以虚假姓名"屈某曼"登记为亲情电话联系人，将朱某某的手机号码以虚假姓名"屈某"登记为亲情电话联系人，使用亲情电话与2人长期联系。自2016年2月至2017年1月，罪犯屈某某与朱某某电话联系20余次，该犯通过隐瞒真实身份，谎称自己是武警部队在辽宁省某监狱执勤的战士等手段，骗取朱某某信任，2人以"老公""老婆"互称，并于2016年2月，诱骗朱某某给其邮寄下载视频的U盘1个，通过他人带入监内后播放使用。自2016年2月至2018年9月间，罪犯屈某某与徐某某电话联系30余次，2人以"老公""老婆"互称，其间，徐某某通过外协人员张某某给该犯向监内捎带照片、内裤等物品，该犯通过外协人员张某某给徐某某捎带偷用监内布料制作的手包1个。

检察机关监督情况

（一）线索发现

2018年9月，辽宁省沈阳市城郊地区人民检察院在对辽宁省沈阳造化监狱进行常规巡回检察期间，罪犯屈某某主动约见检察人员，称要检举他人重大涉黑涉恶犯罪线索。在检察人员询问罪犯屈某某核实举报线索来源过程中，该犯吞吞吐吐，对举报线索的相关细节说不清、道不明，存在诸多疑点。检察人员遂调取罪犯屈某某的卷宗材料，了解该犯日常改造表现，发现该犯自入辽宁省沈阳造化监狱服刑改造以来，存在多次违纪行为（2010年8月因使用手机被禁闭处罚，2014年7月因使用MP4被禁闭处罚，2018年8月因使用手机被禁闭处罚）。因罪犯屈某某交代，该举报案件线索信息系其使用亲情电话与监外人员光某联系获取。检察人员遂调取罪犯屈某某亲情电话录音，逐一复听整理分析，发现该犯服刑期间存在尚未被处罚的严重违纪行为。

（二）调查核实

针对发现的罪犯屈某某的违纪线索，检察人员开展调查核实。一是做好案件调查预案。调取罪犯屈某某的改造卷宗，分析研判罪犯现实改造表现；二是固定案件核心证据。以罪犯的亲情电话为案件突破口，调取罪犯亲情电话录音近千余分钟，重点筛选出与其非亲属关系两名女性人员的电话录音，整理记录录音内容，同时要求监狱出具亲情电话使用情况说明，固定核心证据，为案件查办夯实基础；三是完善案件证据链条。穷尽手段寻找关键证人，耐心细致做好说服工作，劝其配合检察机关作证，以便查清事实，同时先后5次询问涉案罪犯调查核实案件细节，最终形成完整证据链条。

（三）监督意见

在查明案件事实的基础上，2019年1月3日，辽宁省沈阳市城郊地区人民检察院向辽宁省沈阳造化监狱发出沈城郊检检察室（2019）1号《检察建议书》，建议该监狱对罪犯屈某某的违纪行为按照规定予以处罚，并严格落实清监、亲情电话管理等制度。2019年1月17日，辽宁省沈阳造化监狱对《检察建议书》进行书面回复，采纳检察机关建议。一是给予罪犯屈某某禁闭处罚；二是强化落实清监制度，加强罪犯互监、联保监督制度建设，严防违禁品流入监内，杜绝监管事故发生；三是严格执行罪犯亲情电话登记、变更、拨打等相关制度，对监狱全部罪犯亲情电话重新审核，指定亲情电话存放位置，严格按照规定拨打，责令干警做好监听和登记工作。2019年1月18日，辽宁省沈阳市城郊地区人民检察院向辽宁省沈阳市中级人民法院发出沈城郊检检察室（2019）8号《检察建议书》，认为罪犯屈某某构成严重违纪，其表现不符合罪犯减刑的法定条件，建议法院撤销（2016）辽01刑更5146号《刑事裁定书》，依法对罪犯屈某某减刑一案重新组成合议庭进行审理。

（四）监督结果

辽宁省沈阳市中级人民法院采纳检察机关建议，于2019年3月14日作出（2019）辽01刑更监1号《刑事裁定书》，对罪犯屈某某不当减刑11个月予以撤销。

典型意义

1. 提升问题意识，坚持底线思维。检察人员切实更新理念，充分发挥监狱检察一线监督优势，从被动等待向主动出击转变，拓宽案件线索来源，在发现苗头性问题时，细致梳理，精心研判。同时，以案为鉴，警钟长鸣，认真吸取黑龙江讷河监狱事件教训，关注特定罪犯异常现象、可疑倾向。在案件办理过程中，重点对多次违纪、没有减刑机会的罪犯予以认真审查,此类罪犯多有通过检举以获取立功减刑的心理,需要对其提供线索来源的真实性仔细核查。发现案件线索,不等不靠,顺藤摸瓜,敢于监督、善于监督、规范监督、依法纠正,打击罪犯违纪行为,维护监管场所的安全稳定。

2. 提升证据意识,坚持规范办案。检察人员不断适应新时代刑事执行检察发展新要求,按照张军检察长"巡回检察也是办案"的要求,切实从"办事模式"向"办案模式"转变。巡回检察过程中发现案件线索后,第一时间启动办案程序。通过调取罪犯改造卷宗,分析研判罪犯现实改造表现,充分做好案件调查预案。调取罪犯亲情电话录音近千余分钟,整理记录录音内容,要求监狱出具亲情电话使用情况说明,固定核心证据,为案件查办打牢基础。穷尽手段寻找关键证人,耐心细致做好说服工作,劝其作证查清事实真相。先后5次询问涉案罪犯调查核实案件细节,最终形成完整证据链条。真正做到在办案中监督,在监督中办案,实现优质办案,精准监督。

3. 提升共赢意识,坚持改造罪犯。检察人员坚持效果至上原则,刑事执行是刑事诉讼的最后一个阶段,如果此阶段发生问题,则使刑事诉讼前功尽弃。在该案办理过程中,一方面监督纠正罪犯的不当减刑问题,另一方面针对监管单位暴露出的清监、亲情电话管理等制度落实方面存在的安全隐患问题提出检察建议。监狱积极采纳并及时堵塞监管漏洞,消除安全隐患。同时,检察人员落实治本安全观,努力实现"三个效果"有机统一,在撤销罪犯减刑过程中,通过教育谈话,释法说理,使违纪罪犯转变改造观念,真心认识自身错误行为。此外,在监内开展普法教育,维护法律的权威性和刑罚执行的严肃性,努力实现刑事执行法律功能，将罪犯改造成为守法公民，向社会输出"合格产品"。

相关规定

1.《中华人民共和国刑法》第七十八条

被判处管制、拘役、有期徒刑、无期徒刑的犯罪分子，在执行期间，如果认真遵守监规，接受教育改造，确有悔改表现的，或者有立功表现的，可以减刑；有下列重大立功表现之一的，应当减刑：

（一）阻止他人重大犯罪活动的；

（二）检举监狱内外重大犯罪活动，经查证属实的；

（三）有发明创造或者重大技术革新的；

（四）在日常生产、生活中舍己救人的；

（五）在抗御自然灾害或者排除重大事故中，有突出表现的；

（六）对国家和社会有其他重大贡献的。

减刑以后实际执行的刑期不能少于下列期限：

（一）判处管制、拘役、有期徒刑的，不能少于原判刑期的二分之一；

（二）判处无期徒刑的，不能少于十三年；

（三）人民法院依照本法第五十条第二款规定限制减刑的死刑缓期执行的犯罪分子，缓期执行期满后依法减为无期徒刑的，不能少于二十五年，缓期执行期满后依法减为二十五年有期徒刑的，不能少于二十年。

2.《中华人民共和国刑事诉讼法》第八条

人民检察院依法对刑事诉讼实行法律监督。

3.《人民检察院办理减刑、假释案件规定》第二十二条

人民检察院发现人民法院已经生效的减刑、假释裁定确有错误的,应当向人民法院提出书面纠正意见,提请人民法院按照审判监督程序依法另行组成合议庭重新审理并作出裁定。

吉林省吉林市城西地区人民检察院对监狱提请涉黑涉恶罪犯刘某某减刑不当的监督

——从严掌握涉黑涉恶罪犯减刑条件、助推扫黑除恶专项斗争

关键词

涉黑罪犯减刑　　从严掌握　　扫黑除恶"第二战场"攻坚战

要旨

人民检察院办理涉黑罪犯减刑监督案件，应当比照一般罪犯依法从严掌握。对于涉黑罪犯的减刑，除审查一般罪犯减刑要点外，还要针对涉黑罪犯监管中的特殊要求进行审查，严格审查其原判法律文书，并注重调查谈话。审查案件过程中注重向服刑人员宣传党中央扫黑除恶专项斗争精神，深入推进扫黑除恶专项斗争。

基本案情

罪犯刘某某，男，1982年11月26日出生，汉族，初中文化。2010年12月16日因组织、领导、参加黑社会性质组织罪，寻衅滋事罪，故意伤害罪，非法拘禁罪，聚众扰乱社会秩序罪被

吉林省高级人民法院终审判处有期徒刑14年,于2011年1月20日被交付到吉林省吉林监狱服刑改造。2019年9月,吉林省吉林监狱就罪犯刘某某提请减刑征求检察机关意见,提请意见为"该犯在减刑间隔期内获得表扬4次,核定应减去有期徒刑九个月。该犯系涉黑类罪犯;系间隔期内违纪一次,消费较高,下调减刑幅度四个月,建议减去有期徒刑五个月。"

检察机关监督情况

(一)线索发现

2019年9月,吉林省吉林监狱就涉黑罪犯刘某某提请减刑征求检察机关意见。吉林市城西地区人民检察院审查后发现,罪犯刘某某符合减刑条件,但该犯系原所在黑社会性质组织的骨干成员,且减刑间隔期内因违反监规监纪被给予警告处罚,月均消费高达1262.46元。经初步审查,吉林市城西地区人民检察院认为,吉林省吉林监狱对刘某某提请减刑建议可能不当。

(二)调查核实

为了确保监督意见的准确性,吉林市城西地区人民检察院对罪犯刘某某减刑建议书及卷宗进行了审查,并深入执行机关和罪犯改造监区开展了实地调查:

一是对刘某某原判犯罪情节进行考量。通过审查案件材料,查明刘某某所在的黑社会性质组织违法事实中,经二审裁定认定有7项,其中罪犯刘某某参与5项,反映出刘某某动辄行凶作恶的主观恶性,社会危害严重。二是对刘某某改造表现进行考量。通过查阅积分台账,询问罪犯、监管民警及互包组成员,证实刘某某不能认真遵守监规监纪，于2019年1月11日找到同犯李某帮忙做私活导致李某在操作过程中压伤手指，左手食指截肢一节，被执行机关给予扣300分，警告处罚，且刘某某减刑间隔期内月均消费高达1262.46元，超出狱内分级处遇相关要求。

（三）监督意见

2019年10月8日，吉林市城西地区人民检察院以吉市城检二部减意（2019）33号检察建议建议审判机关下调罪犯刘某某减刑幅度1—2个月。

（四）监督结果

2019年10月24日，吉林市中级人民法院开庭审理罪犯刘某某减刑案。吉林市城西地区检察院提出下调减刑幅度意见时，执行机关认为罪犯刘某某已因涉黑罪犯、消费较高、间隔期内违纪下调减刑幅度4个月（下调后呈报减刑5个月），检察机关提出继续下调减刑幅度监督意见依据不足。庭审中，检察人员充分阐释下调原因，并在法庭当庭阐明罪犯刘某某原罪的恶劣影响、社会危害以及当前扫黑除恶斗争的总体要求，最后得到了审判机关、执行机关及罪犯刘某某对检察意见的一致认可，取得了良好的政治效果、法律效果和社会效果。吉林市中级人民法院采纳了检察机关"下调罪犯刘某某减刑幅度1—2个月"的监督意见，2019年10月28日，以（2019）吉02刑更914号《刑事裁定书》裁定减去罪犯刘某某有期徒刑4个月。

典型意义

1. 审查涉黑罪犯减刑案件时，既要审查服刑人员是否符合法定减刑条件，又要注意与全国范围内扫黑除恶斗争总体形势、工作要求相结合。检察工作是政治性极强的业务工作，也是业务性极强的政治工作。2018年1月，习近平总书记亲自部署，党中央决定在全国范围内开展为期3年的扫黑除恶专项斗争。检察机关在刑罚执行监督工作中，要不断加大参与专项斗争工作力度，通过加强监狱日常巡察，从严开展涉黑涉恶涉伞案件减刑合法性审查监督，严格审查罪犯的服刑表现，加大对罪犯财产性判项的执行工作监督，毫不动摇贯彻中央要求，从个案出发，做好每一件涉黑涉恶涉伞案件的减刑提请和裁定监督工作，力争打好扫黑除恶"第二战场"攻坚战。

2. 审查涉黑罪犯减刑案件，要针对涉黑减刑案件特点进行相应审查。一是审查涉黑罪犯是否符合执行机关监管中的特殊要求。比如涉黑罪犯首要和骨干分子一般不能担任"耳目"，涉黑、涉恶犯罪首犯、主犯不能担任互包组组长等。二是严格审查涉黑服刑人员原判法律文书，通过审查了解犯罪事实、犯罪性质、社会危害等情况，审查其是不是主犯、黑社会团体骨干成员或积极分子，以及具体的犯罪情节，综合判断服刑人员的主观恶性、社会危害程度，作为是否提出下调减刑幅度检察监督意见的考虑因素。三是注重调查谈话。调查谈话时应重点结合涉黑罪犯本人原判具体情节、服刑期间一贯表现、赋分、扣分原因等情况，列明调查提纲，调查时应当向涉黑罪犯宣传扫黑除恶专项斗争的总体形势，宣传揭发检举立功奖励政策，鼓励其积极提供涉黑涉恶涉伞犯罪线索，深入推进扫黑除恶专项斗争。四是注重审查涉黑罪犯的财产性判项执行情况，结合会见、存汇款及月消费情况综合推断其履行财产性判项的能力，推动涉黑恶罪犯财产性判项得到切实执行，打财断血，铲除黑恶势力滋生土壤。

3. 规范办案检察官参加庭审活动，注重庭审效果。涉黑涉恶涉伞减刑案件开庭审理前，办案检察官要全面审查、核实证据，查明事实。庭审中要针对重点问题向罪犯本人及互包组证人和专管民警进行发问，认真贯彻落实最高法、最高检、公安部、司法部联合发布的《关于跨省异地执行刑罚的黑恶势力罪犯坦白检举构成自首立功若干问题的意见》等文件精神，庭上应当告知被提请减刑罪犯，坦白经查证属实的可认定为自首，检举、揭发涉黑、涉恶线索经查证属实的可认定为立功，不构成立功的可给予日常考核奖励或者物质奖励，充分发挥庭审的教育功能，扩大法治宣传效果。通过当庭发表检察监督意见，充分宣传党中央决定开展扫黑除恶专项斗争精神，落实高检院提出的"谁执法，谁普法"的办案理念。

相关规定

1. 《中华人民共和国刑事诉讼法》第二百七十三条

罪犯在服刑期间又犯罪的，或者发现了判决的时候所没有发现的罪行，由执行机关移送人民检察院处理。

被判处管制、拘役、有期徒刑或者无期徒刑的罪犯，在执行期间确有悔改或者立功表现，应当依法予以减刑、假释的时候，由执行机关提出建议书，报请人民法院审查裁定，并将建议书副本抄送人民检察院。人民检察院可以向人民法院提出书面意见。

2. 《人民检察院刑事诉讼规则》第六百三十七条

人民法院开庭审理减刑、假释案件，人民检察院应当指派检察人员出席法庭，发表意见。

3. 《人民检察院办理减刑、假释案件规定》第六条

具有下列情形之一的,人民检察院应当进行调查核实:

(一)拟提请减刑、假释罪犯系职务犯罪罪犯,破坏金融管理秩序和金融诈骗犯罪罪犯,黑社会性质组织犯罪罪犯,严重暴力恐怖犯罪罪犯,或者其他在社会上有重大影响、社会关注度高的罪犯;

(二)因罪犯有立功表现或者重大立功表现拟提请减刑的;

(三)拟提请减刑、假释罪犯的减刑幅度大、假释考验期长、起始时间早、间隔时间短或者实际执行刑期短的;

(四)拟提请减刑、假释罪犯的考核计分高、专项奖励多或者鉴定材料、奖惩记录有疑点的;

(五)收到控告、举报的;

(六)其他应当进行调查核实的。

4. 《人民检察院办理减刑、假释案件规定》第十三条

检察人员应当在庭审前做好下列准备工作:

(一)全面熟悉案情,掌握证据情况,拟定法庭调查提纲和出庭意见;

(二)对执行机关提请减刑、假释有异议的案件,应当收集相关证据,可以建议人民法院通知相关证人出庭作证。

5. 《最高人民法院关于办理减刑、假释案件具体应用法律的规定》第三条

"确有悔改表现"是指同时具备以下条件:

(一)认罪悔罪;

(二)遵守法律法规及监规,接受教育改造;

(三)积极参加思想、文化、职业技术教育;

(四)积极参加劳动,努力完成劳动任务。

对职务犯罪、破坏金融管理秩序和金融诈骗犯罪、组织（领导、参加、包庇、纵容）黑社会性质组织犯罪等罪犯，不积极退赃、协助追缴赃款赃物、赔偿损失，或者服刑期间利用个人影响力和社会关系等不正当手段意图获得减刑、假释的，不认定其"确有悔改表现"。

罪犯在刑罚执行期间的申诉权利应当依法保护，对其正当申诉不能不加分析地认为是不认罪悔罪。

6.《人民检察院办理减刑、假释案件规定》第七条

对符合减刑条件的职务犯罪罪犯，破坏金融管理秩序和金融诈骗犯罪罪犯，组织、领导、参加、包庇、纵容黑社会性质组织犯罪罪犯，危害国家安全犯罪罪犯，恐怖活动犯罪罪犯，毒品犯罪集团的首要分子及毒品再犯，累犯，确有履行能力而不履行或者不全部履行生效裁判中财产性判项的罪犯，被判处十年以下有期徒刑的，执行二年以上方可减刑，减刑幅度应当比照本规定第六条从严掌握，一次减刑不超过一年有期徒刑，两次减刑之间应当间隔一年以上。

对被判处十年以上有期徒刑的前款罪犯，以及因故意杀人、强奸、抢劫、绑架、放火、爆炸、投放危险物质或者有组织的暴力性犯罪被判处十年以上有期徒刑的罪犯，数罪并罚且其中两罪以上被判处十年以上有期徒刑的罪犯，执行二年以上方可减刑，减刑幅度应当比照本规定第六条从严掌握，一次减刑不超过一年有期徒刑，两次减刑之间应当间隔一年六个月以上。

罪犯有重大立功表现的，可以不受上述减刑起始时间和间隔时间的限制。

黑龙江省人民检察院对罪犯张某某隐瞒财产刑履行能力的减刑监督案

——注重财产性判项执行情况在减刑监督中的重要作用

关键词

财产性判项　减刑监督　"借卡消费"　不予减刑

要旨

人民检察院在办理减刑监督案件时，应综合考察罪犯犯罪性质、具体情节、社会危害程度、原判刑罚及生效裁判中财产性判项的履行情况、交付执行后的一贯表现等，尤其要认真细致地考察罪犯是否具有悔改表现，如发现罪犯不诚实守信，多次使用同监其他罪犯购物卡进行存款、消费的，不能认定其有悔改表现，应当依法提出不予减刑的检察意见。

基本案情

罪犯张某某，男，汉族，1967年3月1日生，中专文化，捕前系大庆市某有限公司法定代表人，2013年10月30日因集资诈骗罪、虚报注册资本罪被大庆市中级人民法院判处无期徒刑，剥夺政治权利终身，没收个人全部财产，同年11月27日交付呼兰监狱执行。2014年6月18日因漏罪被解回再审。8月22日因集资诈骗漏罪被大庆市中级人民法院判处有期徒刑10年，并处罚金人民币5万元，与前判决并罚决定执行无期徒刑，剥夺政治权利终身，并处没收个人全部财产。9月24日交付呼兰监狱执行刑罚。2018年12月，呼兰监狱以张某某确有悔改表现为由提请对其减为有期徒刑22年。

检察机关监督情况

（一）线索发现

2019年1月，黑龙江省人民检察院经审查发现，张某某伙同他人自2011年11月至次年5月的半年时间里，以承诺高额返利为诱惑，骗取公众集资款2700余万元，造成近200人1900余万元的实际损失。判决后，大庆市中级人民法院除划扣了相关涉案款项，协助公安机关对涉案房产、车辆进行评估、拍卖及变卖处置外，并未启动没收张某某个人全部财产的执行程序，张某某本人及其家属也未主动退赔被害人损失。判决执行中存在疑点的是，张某某在服刑改造的近5年时间里无任何狱内存款和消费记录。

（二）调查核实

黑龙江省人民检察院认为，在罪犯张某某没收个人全部财产未执行的情况下，应查清其是否确有履行能力而不履行，而罪犯的狱内存款和消费是必须考量的主要因素。黑龙江省人民检察院迅速组成调查小组进行调查核实，办案人员深入监狱生产监区向张某某日常密切接触的同监服刑人员调查了解情况，了解到张某某自入监以来与同监犯人赵某某、周某某伙吃伙喝。在获取线索后，办案人员为避免串供，迅速询问了赵某某、周某某，2人证实自张某某入监以来先后借用2人购物卡收取家属汇款，3人共同进行消费。办案人员又先后从呼兰监狱、工商银行黑龙江省分行、哈尔滨呼兰支行等单位调取了赵某某、周某某入监以来汇款、消费明细等证据，证实3人在近5年时间里累计消费17.79万元，其中2018年8至同年11月，3人月人均消费987.2元。张某某对"借卡消费"一事供认不讳。

（三）监督结果

根据以上调查核实获取的证据，经检察官联席会议讨论，检察机关认为张某某在服刑期间为逃避减刑时财产刑履行能力核查，违反监规借用其他罪犯购物卡收取汇款和消费，不能认定张某某确有悔改表现，依法提出对张某某不予减刑的检察意见。在庭审中，办案人员出示了张某某"借卡消费"、未积极退赃退赔等证据，最终黑龙江省高级人民法院采纳检察机关意见，认定"罪犯张某某服刑期间，不诚实守信，多次使用同监其他罪犯购物卡进行存款、消费，不能认定其确有悔改表现，不符合减刑条件"，对其不予减刑。针对罪犯消费管理不规范问题，黑龙江省人民检察院在组织开展交叉巡回检察时，将此问题列为巡回检察重要内容之一。

典型意义

1. 人民检察院对减刑进行法律监督时，应注重财产性判项履行情况核查。在审查减刑案件时应全面综合考察罪犯犯罪性质、社会危害程度、财产刑执行、民事赔偿责任履行、入监后消费等情况，发现罪犯可能存在"借卡消费"，规避财产刑履行能力核查等异常情况时，应认真开展调查核实，查清规避财产刑履行能力核查的事实后，应依法提出罪犯不具有悔改表现、不予减刑的检察意见，维护刑罚执行公平公正，并监督刑罚执行机关加强罪犯消费管理。

2. 坚持书面审查与外围取证并重，讲究方法策略开展调查核实。有的罪犯具有一定的反侦查能力，且容易订立攻守同盟，检察人员通过卷宗审查发现异常现象的，应针对问题、疑问，制作周密的调查核实计划，通过调取汇款消费记录及与服刑罪犯、监管干警谈话等做好外围证据的收集固定工作，以便通过卷宗审查将疑问转化为线索，通过调查核实将线索转变为案件。

3. 应当加强举证质证，实现减刑庭审实质化。检察人员要按照"以审判为中心"诉讼制度改革要求，全面收集固定证据，并在庭审中进行举证、质证和辩论，使事实真相在法庭中呈现，使各方观点在庭审中得到充分表达，实现以证据为核心的庭审"实质化"，增强监督刚性。

相关规定

1. 《中华人民共和国刑事诉讼法》第二百七十三条

罪犯在服刑期间又犯罪的，或者发现了判决的时候所没有发现的罪行，由执行机关移送人民检察院处理。

被判处管制、拘役、有期徒刑或者无期徒刑的罪犯，在执行期间确有悔改或者立功表现，应当依法予以减刑、假释的时候，由执行机关提出建议书，报请人民法院审核裁定，并将建议书副本抄送人民检察院。人民检察院可以向人民法院提出书面意见。

2.《中华人民共和国刑事诉讼法》第二百七十五条

监狱和其他执行机关在刑罚执行中,如果认为判决有错误或者罪犯提出申诉,应当转请人民检察院或者原判人民法院处理。

3.《最高人民法院关于办理减刑、假释案件具体应用法律的规定》第二条

对于罪犯符合刑法第七十八条第一款规定"可以减刑"条件的案件,在办理时应当综合考察罪犯犯罪的性质和具体情节、社会危害程度、原判刑罚及生效裁判中财产性判项的履行情况、交付执行后的一贯表现等因素。

4.《最高人民法院关于办理减刑、假释案件具体应用法律的规定》第三条

"确有悔改表现"是指同时具备以下条件:

(一)认罪悔罪;

(二)遵守法律法规及监规,接受教育改造;

(三)积极参加思想、文化、职业技术教育;

(四)积极参加劳动,努力完成劳动任务。

对职务犯罪、破坏金融管理秩序和金融诈骗犯罪、组织(领导、参加、包庇、纵容)黑社会性质组织犯罪等罪犯,不积极退赃、协助追缴赃款赃物、赔偿损失,或者服刑期间利用个人影响力和社会关系等不正当手段意图获得减刑、假释的,不认定其"确有悔改表现"。

罪犯在刑罚执行期间的申诉权利应当依法保护,对其正当申诉不能不加分析地认为是不认罪悔罪。

上海市沪西地区人民检察院对监狱提请罪犯王某某减刑不当监督案

——加强对减刑证据材料的实质性细节审查

关键词

悔改表现　材料真实性　证据规范化　笔迹鉴定

要旨

检察机关对减刑案件开展同步监督时，除对报请机关提交的减刑程序、实体等证据材料是否齐备、是否符合证明标准进行审查外，还应加强对证据材料内容真实性的核实。紧紧围绕"确有悔改表现"的认定要素，重点排查罪犯本人书写或提供相关材料的真实性，必要时引入第三方机构开展核查，坚决防止弄虚作假以获得减刑的情况发生。

基本案情

罪犯王某某，男，1990年9月18日出生，汉族，小学文化程度，无业，2010年3月因犯寻衅滋事罪被判处有期徒刑10个月；2014年1月3日因犯交通肇事罪被判处有期徒刑1年6个月，缓刑2年。2016年2月26日因犯聚众斗殴罪被上海市宝山区人民法院判处有期徒刑4年，撤销前罪缓刑部分，决定执行有期徒刑4年6个月。该犯不服，提出上诉，2016年4月28日上海市第二中级人民法院裁定驳回上诉，维持原判，刑期自2016年2月18日起至2020年7月30日止。服刑期间无刑罚变动情况。

2019年9月，上海市青浦监狱认为罪犯王某某确有悔改表现，遂立案拟对其报请减去有期徒刑4个月。

检察监督过程

（一）线索发现

2019年10月16日，上海市青浦监狱依法向检察机关移送案件，征求对罪犯王某某报请减刑的同步监督意见。上海市沪西地区人民检察院收案后，按程序指定检察官开展案件审查工作。根据一般案件审查的流程，对监狱提供的罪犯王某某认罪悔罪书、服刑档案、罪犯年度评审鉴定表、考评计分情况及监狱集体讨论记录等书面证明材料进行了认真审查、逐份分析，并向所在监区主管民警、监区其他罪犯、刑罚执行科了解罪犯服刑改造等情况。审查中发现罪犯王某某只有小学文化，其认罪悔罪书的笔迹无连笔情形，符合其小学文化程度的书写水平，但是其罪犯年度评审鉴定表中犯罪事实一栏的笔迹有连笔情形，不符合小学文化程度的书写水平，且明显存在涂改及两种笔墨不一致的情形。

（二）调查核实

为进一步核实上述情况、排除疑点，上海市沪西地区人民检察院检察长经听取案件汇报后,组织召开检察官联席会议进行讨论,制订了调查核实计划。承办检察官立即向罪犯核实情况,罪犯王某某称没有他人代笔情况,均为自己所书写。但经过研判后,沪西地区人民检察院委托上海市人民检察院司法鉴定中心对罪犯王某某自书的罪犯年度评审鉴定表(检材)及认罪服法书(样本)进行笔迹鉴定。该中心审查后认为,经样本与检材对比后发现,检材与样本的写法、结构、运笔、笔画连接、转折角度特征等差异明显,根据人的书写习惯所形成的笔迹特征规律及同一认定理论,检材与样本存在本质差异特征,且差异特征反映了不同人的书写习惯,可以认定不是同一人所写。

(三)监督意见

经调查核实,上海市沪西地区人民检察院认为,(1)罪犯王某某曾因寻衅滋事罪被判处有期徒刑10个月,刑满释放后5年内再犯聚众斗殴罪被判处有期徒刑4年,系累犯,属重点审查对象,该犯前后罪均系妨害社会管理秩序犯罪,具有一定人身危险性;(2)该犯在缓刑考验期内再犯新罪,足见该犯缺乏对自身行为的管束能力,具有相当的再犯可能性;(3)该犯认罪悔罪态度不足,其在应当自行书写的罪犯年度评审鉴定表中"主要犯罪事实"一栏中少填写一节犯罪事实,后来又擅自让他人代为补上,在检察院调查核实阶段也未如实供述,认罪悔罪态度不佳。2019年10月31日上海市沪西地区人民检察院通过检察意见书的形式向上海市青浦监狱提出罪犯王某某不符合减刑条件、建议不予报请减刑的检察意见。

(四)监督结果

提出上述检察意见后,上海市沪西地区人民检察院承办检察官与罪犯王某某谈话，对其进行批评教育，该犯最终承认错误并表示将积极改正。上海市青浦监狱在监狱长办公会上决定对罪犯王某某不予报请减刑并作出书面回复，针对在证据材料把关和核实方面的不足，表示会积极采纳检察意见并改正。

典型意义

1. 对刑罚变更执行活动开展同步监督是刑事执行检察部门的重要职能。作为监督刑事执行活动的专门机关，从"监所检察"转变为"刑事执行检察"，从"办事"转变为"办案"，刑事执行检察工作重点更多地扎根在同步监督的案件中。对于证据材料弄虚作假，一方面，反映了罪犯缺乏认罪悔罪态度，无视监规纪律，毫无悔改之意；另一方面，也反映了监狱管理方面存在的问题，对于认罪悔罪材料非本人书写，可能存在牢头狱霸的现象，而其他考评计分等材料弄虚作假，可能涉及相关民警的违法犯罪问题。

2. 刑事执行检察办案要遵循刑事诉讼证据规则，同步监督办案应依法审查证据合法性、关联性、客观真实性。开展减刑假释案件同步监督目的是维护刑罚变更执行的公平公正，要不断提升同步监督司法办案化特征，强化证据收集、证据审查、证据鉴定的意识，更注重证据的规范化与证明力。对笔迹鉴定等专业领域证据存疑的，要积极借用"外脑"，引入第三方专业人员开展证据审查。

3. 新时代刑事执行检察办案要全面提升法律监督综合效果，要更多运用政治智慧、法律智慧、技术智慧开展刑事执行检察工作，以个案监督促进整体执法和监督水平不断提高。要加强与监督对象的沟通，提高释法说理水平，处理好与被监督者的关系，更好地推进刑事执行检察工作，实现双赢多赢共赢。

相关规定

1. 《中华人民共和国刑事诉讼法》第二百七十三条第二款

被判处管制、拘役、有期徒刑或者无期徒刑的罪犯，在执行期间确有悔改或者立功表现，应当依法予以减刑、假释的时候，由执行机关提出建议书，报请人民法院审核裁定，并将建议书副本抄送人民检察院。人民检察院可以向人民法院提出书面意见。

2. 《人民检察院组织法》第二十条

人民检察院行使下列职权：

（一）依照法律规定对有关刑事案件行使侦查权；

（二）对刑事案件进行审查，批准或者决定是否逮捕犯罪嫌疑人；

（三）对刑事案件进行审查，决定是否提起公诉，对决定提起公诉的案件支持公诉；

（四）依照法律规定提起公益诉讼；

（五）对诉讼活动实行法律监督；

（六）对判决、裁定等生效法律文书的执行工作实行法律监督；

（七）对监狱、看守所的执法活动实行法律监督；

（八）法律规定的其他职权。

3. 《人民检察院组织法》第二十一条

人民检察院行使本法第二十条规定的法律监督职权，可以进行调查核实，并依法提出抗诉、纠正意见、检察建议。有关单位应当予以配合，并及时将采纳纠正意见、检察建议的情况书面回复人民检察院。

抗诉、纠正意见、检察建议的适用范围及其程序，依照法律有关规定。

4. 《人民检察院刑事诉讼规则》第六百三十五条

人民检察院收到执行机关抄送的减刑、假释建议书副本后，应当逐案进行审查。发现减刑、假释建议不当或者提请减刑、假释违反法定程序的，应当在十日以内报经检察长批准，向审理减刑、假释案件的人民法院提出书面检察意见，同时也可以向执行机关提出书面纠正意见。案情复杂或者情况特殊的，可以延长十日。

5. 《人民检察院刑事诉讼规则》第六百三十六条

人民检察院发现监狱等执行机关提请人民法院裁定减刑、假释的活动具有下列情形之一的，应当依法提出纠正意见：

（一）将不符合减刑、假释法定条件的罪犯，提请人民法院裁定减刑、假释的；

（二）对依法应当减刑、假释的罪犯，不提请人民法院裁定减刑、假释的；

（三）提请对罪犯减刑、假释违反法定程序，或者没有完备的合法手续的；

（四）提请对罪犯减刑的减刑幅度、起始时间、间隔时间或者减刑后又假释的间隔时间不符合有关规定的；

（五）被提请减刑、假释的罪犯被减刑后实际执行的刑期或者假释考验期不符合有关法律规定的；

（六）其他违法情形。

江苏省盱眙县人民检察院对人民法院未决定罪犯邓某某暂予监外执行不当监督案

——加强对法院未依职启动暂予监外执行审查的监督

关键词

罪犯交付执行　暂予监外执行　依职权启动　采纳纠正违法意见

要旨

罪犯被交付执行刑罚的时候，应当由交付执行的人民法院在判决生效后10日以内将有关的法律文书送达公安机关、监狱或者其他执行机关。人民法院在执行刑罚的有关法律文书依法送达前，可以依职权作出是否暂予监外执行的决定。人民检察院发现人民法院没有在法定期限内将罪犯交付执行，或者发现人民法院明知被告人、罪犯患病可能符合暂予监外执行条件而未依职权启动审查程序，导致没有在法定期限内作出是否暂予监外执行决定的，应当通知纠正。

基本案情

罪犯邓某某，男，1980年6月25日出生。因涉嫌交通肇事罪于2017年8月18日被江苏省盱眙县公安局决定刑事拘留，因心肌梗塞被盱眙县看守所拒收而未执行，同日被取保候审。2018年8月28日盱眙县人民法院对该案立案；2018年9月3日对邓某某取保候审；2018年11月12日以邓某某犯交通肇事罪判处其有期徒刑3年6个月。判决生效后，盱眙县人民法院认为盱眙县看守所曾拒收邓某某，未再交付执行；2018年12月10日，依邓某某的申请启动暂予监外执行程序，提请淮安市中级人民法院进行疾病鉴定。2019年2月13日淮安市中级人民法院认定罪犯邓某某所犯疾病不属《保外就医严重疾病范围》所列疾病。2019年2月26日盱眙县人民法院作出收监执行决定；同日罪犯邓某某被收监执行。

检察机关监督情况

（一）线索发现

2019年1月，盱眙县人民检察院在开展暂予监外执行专项检察活动中发现上述情况，认为盱眙县人民法院明知罪犯邓某某身患疾病，曾被看守所拒收，可能符合暂予监外执行条件，未能及时依职权启动暂予监外执行程序，导致未能在法定期限内作出是否暂予监外执行的决定，可能构成违法。

（二）调查核实

2019年2月，盱眙县人民检察院向盱眙县人民法院调取罪犯邓某某刑事判决书、收监执行决定书等证据。

（三）监督结果

盱眙县人民检察院经审查认为，盱眙县人民法院在判决生效后，在长达4个月的时间里，未能将罪犯交付执行，违反了《中华人民共和国刑事诉讼法》第264条第1款的规定，即"罪犯被交付执行刑罚的时候，应当由交付执行的人民法院在判决生效后十日以内将有关的法律文书送达公安机关、监狱或者其他执行机关。"盱眙县人民法院对执行刑事拘留时被看守所拒收、身患疾病的罪犯邓某某，未能及时作出是否暂予监外执行的决定，违反了《暂予监外执行规定》第18条第1款的规定，即"人民法院应当在执行刑罚的有关法律文书依法送达前，作出是否暂予监外执行的决定"。

盱眙县人民检察院于2019年3月5日向盱眙县人民法院发出盱检执检纠违（2019）9号纠正违法通知书，通知盱眙县人民法院纠正上述违法行为。2019年4月8日盱眙县人民法院接受盱眙县人民检察院的纠正意见，并进行书面回复。

典型意义

1. 对于罪犯是否符合暂予监外执行条件，人民法院可以依职权启动审查程序。暂予监外执行是刑罚执行的一种方式，体现了国家对患严重疾病等特殊身体状况罪犯的人道主义关怀，有利于罪犯的教育、感化、挽救。这种特别处遇既可以由罪犯本人及其亲属提出，也可以由法院依职权审查后作出决定。因此，对于罪犯可能符合暂予监外执行条件，而本人及其亲属没有申请暂予监外执行的，人民法院完全可以依职权及时启动暂予监外执行审查程序。

2. 被告人可能符合保外就医医学条件的,人民法院可以在案件审理过程中对其疾病进行诊断。保外就医作为一种刑罚执行方式,其适用对象是患严重疾病的罪犯而非犯罪嫌疑人、被告人,其决定应当在有罪判决生效后作出。但是,这并不意味着相关疾病诊断工作应当在判决生效后进行。疾病诊断工作耗时较多,加之有的地方诊断的中间程序较为复杂,存在人民法院不能及时作出是否暂予监外执行决定的现象。实践中,有必要也有可能在刑事案件审理过程中,人民法院对被告人是否可能符合保外就医医学条件提前进行甄别,发现可能符合保外就医条件的,及时组织诊断,在判决前基本完成诊断工作,确保在判决生效后法定期限内作出是否暂予监外执行的决定。

3. 人民法院在法定期限内既没有交付执行又没有决定暂予监外执行的,人民检察院应当依法监督纠正。人民法院在法定期限内既没有交付执行又没有决定暂予监外执行的行为,不但违法,而且往往导致罪犯滞留在社会上不受任何监管,对社会治安造成重大隐患,也导致罪犯不能及时服刑,侵犯其合法权益。对该违法行为,人民检察院应当及时调查核实,并监督人民法院予以纠正,以维护国家法律的统一正确实施。

相关规定

1. 《中华人民共和国刑事诉讼法》第二百六十四条

罪犯被交付执行刑罚的时候,应当由交付执行的人民法院在判决生效后十日以内将有关的法律文书送达公安机关、监狱或者其他执行机关。

对被判处死刑缓期二年执行、无期徒刑、有期徒刑的罪犯,由公安机关依法将该罪犯送交监狱执行刑罚。对被判处有期徒刑的罪犯,在被交付执行刑罚前,剩余刑期在三个月以下的,由看守所代为执行。对被判处拘役的罪犯,由公安机关执行。

对未成年犯应当在未成年犯管教所执行刑罚。

执行机关应当将罪犯及时收押,并且通知罪犯家属。

判处有期徒刑、拘役的罪犯,执行期满,应当由执行机关发给释放证明书。

2.《暂予监外执行规定》第十八条

人民法院应当在执行刑罚的有关法律文书依法送达前,作出是否暂予监外执行的决定。人民法院决定暂予监外执行的,应当制作暂予监外执行决定书,写明罪犯基本情况、判决确定的罪名和刑罚、决定暂予监外执行的原因、依据等,在判决生效后七日以内将暂予监外执行决定书送达看守所或者执行取保候审、监视居住的公安机关和罪犯居住地社区矫正机构,并抄送同级人民检察院。

人民法院决定不予暂予监外执行的,应当在执行刑罚的有关法律文书依法送达前,通知看守所或者执行取保候审、监视居住的公安机关,并告知同级人民检察院。监狱、看守所应当依法接收罪犯,执行刑罚。

人民法院在作出暂予监外执行决定前,应当征求人民检察院的意见。

浙江省余杭临平地区人民检察院对监狱提请罪犯束某某等 20 人假释不当监督案

——积极推动对假释适用法律要件达成共识

关键词

假释条件　确有悔改表现　再犯罪风险　类案监督

要旨

人民检察院在办理假释案件时，应当在罪犯达到法定最低的服刑期限的基础上，重点对罪犯"是否确有悔改表现""有无再犯罪风险"等实质条件进行审查。针对实践中假释实质条件认定缺乏可量化、易操作的问题，与人民法院、监狱达成一致，共同完善假释认定标准。人民检察院要注重发挥类案监督的作用，实现监督质效双提升。

基本案情

罪犯束某某，男，1992 年 4 月 6 日出生。2017 年 8 月 30 日因犯诈骗罪被浙江省海宁市人民法院判处有期徒刑 5 年，并处罚金人民币 10 万元，刑期自 2016 年 1 月 20 日起至 2021 年 1 月 19

日止。2017年12月19日交付至浙江省乔司监狱执行刑罚。罪犯束某某本次假释考核期自2018年2月17日起至2018年10月31日止，共8个月，截至考核截止日的余刑尚有27个月。

另有罪犯黄某某、张某某等19名提请假释罪犯存在类似情形。

检察机关监督情况

（一）线索发现

2019年1月，浙江省乔司监狱就罪犯束某某等人提请假释征求检察机关意见，浙江省余杭临平地区人民检察院经审查发现，其中有20人假释案件虽符合执行原判刑期超过1/2的法定最低服刑期限标准，但存在入监服刑期过短，余刑过长，考核截止日当月刑期刚过半等问题。

（二）调查核实

为进一步查明罪犯束某某等20人是否符合假释条件，检察机关通过多种方式对案件进行调查核实：一是调取该批次全部假释罪犯的原始档案、计分考核表等材料；二是向监狱刑罚执行部门了解监狱对假释罪犯的提请依据、提请政策；三是入监与部分罪犯谈话，了解其服刑改造情况。经调查核实，罪犯束某某等20人虽已执行原判刑期1/2以上，符合法定最低服刑期限标准，但其中有12名罪犯服刑期不满1年，13名罪犯余刑超过2年，余刑月数与服刑月数的平均比值超过210%，最高比值占340%。

（三）监督意见

根据《最高人民法院关于办理减刑、假释案件具体应用法律的规定》第22条规定，"办理假释案件认定，没有再犯罪的危险，应当根据罪犯在刑罚执行中的一贯表现等因素综合考虑"。罪犯考核期过短无法评判其在刑罚执行中的一贯表现，无法对其是否确有悔改表现和有无再犯罪的危险进行评估，进而无法判断罪犯是否符合假释的实质条件。同时，容易产生"判决生效没多久、罪犯就出狱"的印象，产生负面社会影响。只要服刑罪犯符合法定的最低服刑期限限制、没有重大违规行为，就认定其符合假释的呈报条件，而忽略对假释实质条件的审查，蕴含着较大的系统性风险。据此，检察机关对束某某等20人提出暂缓假释的检察意见。

（四）监督结果

检察机关出具书面监督意见后，主动与法院、监狱进行沟通，全面阐述检察机关对假释案件的监督理念及审查标准，监狱完全采纳了检察机关暂缓假释的意见，并主动暂缓了下一批次存在类似情形的19件假释案件的呈报，同时将检察机关对假释案件的审查标准融入监狱的减刑假释工作指导意见，将长期指导监狱假释案件的办理。

典型意义

1. 人民检察院要强化罪犯假释的实质条件的审查和监督。检察机关在办理假释案件时，应当在罪犯达到法定最低服刑期限的基础上，重点对罪犯"是否确有悔改表现""有无再犯罪风险"等实质条件进行审查，应根据罪犯在刑罚执行中的一贯表现等因素综合考虑，包括罪犯交付执行时剩余刑期、考核期、假释考验期、起始期、距离上次减刑后的间隔期、考核总分数及月均考核分、表扬数等。对于短刑期罪犯，应根据交付执行时剩余刑期的长短合理设置考察因素，以达到假释惩罚与教育的双重目的。

2. 人民检察院要积极推对"没有再犯罪危险"等原则性共识。实践中，对于假释条件中"确有悔改表现"及"没有再犯罪危险"等规定较为原则，缺乏可量化，易操作的法律认定标准。检察机关通过书面检察意见，将假释标准的把握、假释的立法意涵等向法院、监狱进行释法说理，以罪犯的改造表现与获得的刑事变更奖励相适应为原则，在"最低服刑期""剩余刑期"等多个法定要件的适用上统一执法标准，确保假释制度的适用符合"三个效果"有机统一的要求。

3. 人民检察院要重视发挥类案监督的作用。个案监督形式灵活，但效果一般限于个别案件。类案监督是采用横向或纵向收集相似案例，在分析研判的基础上，针对普遍性、制度性问题进行的监督。与个案监督相比，类案监督更能说明共性问题，指向性更为明确，同时具有较强的操作性和指导性，对提高监督效率、优化监督效果具有重要意义。检察机关应注重从整体上把握，在逐案审查的基础上，通过类案监督，在制度层面上指导监狱类案办理，实现监督质、效双提升。

相关规定

1.《中华人民共和国刑法》第八十一条

被判处有期徒刑的犯罪分子，执行原判刑期二分之一以上，被判处无期徒刑的犯罪分子，实际执行十年以上，如果认真遵守监规，接受教育改造，确有悔改表现，假释后不致再危害社会的，可以假释。如果有特殊情况，经最高人民法院核准，可以不受上述执行刑期的限制。

对累犯以及因杀人、爆炸、抢劫、强奸、绑架等暴力性犯罪被判处十年以上有期徒刑、无期徒刑的犯罪分子，不得假释。

对犯罪分子决定假释时，应当考虑其假释后对所居住社区的影响。

2.《中华人民共和国刑法》第八十二条

对于犯罪分子的假释，依照本法第七十九条规定的程序进行。非经法定程序不得假释。

3.《中华人民共和国刑事诉讼法》第二百七十三条第二款

被判处管制、拘役、有期徒刑或者无期徒刑的罪犯，在执行期间确有悔改表现或者立功表现，应当依法予以减刑、假释的时候，由执行机关提出建议书，报请人民法院审核裁定，并将建议书副本抄送人民检察院。人民检察院可以向人民法院提出书面意见。

4.《最高人民法院关于办理减刑、假释案件具体应用法律的规定》第一条

减刑、假释是激励罪犯改造的刑罚制度，减刑、假释的适用应当贯彻宽严相济刑事政策，最大限度地发挥刑罚的功能，实现刑罚的目的。

5.《最高人民法院关于办理减刑、假释案件具体应用法律的规定》第二十二条

办理假释案件，认定"没有再犯罪的危险"，除符合刑法第八十一条规定的情形外，还应当根据罪犯的具体情节、原判刑罚情况，在刑罚执行中的一贯表现，罪犯的年龄、身体状况、性格特征，假释后生活来源以及监管条件等因素综合考虑。

浙江省衢州市三衢地区人民检察院对监狱不提请罪犯谷某某减刑监督案

——以监督价值取向与法理相结合执行法律规定

关键词

主动交代漏罪　数罪并罚　减刑起始时间　提请减刑

要旨

罪犯在刑罚执行期间因主动交代漏罪而被数罪并罚作出新判决的,其减刑的起始时间应从原判决执行之日起计算。人民检察院应当依法监督罪犯获得公平减刑,发现罪犯符合减刑条件而执行机关未提请减刑的,可以建议执行机关提请减刑。人民检察院针对法律空白点应在充分释法说理的基础上强化监督,积极作为,彰显检察职能。

基本案情

罪犯谷某某,男,1974年9月4日出生,汉族,初中文化。因犯受贿罪于2015年3月16日被温州市瓯海区人民法院判处有期徒刑10年,剥夺政治权利1年,并处没收财产人民币5万元。

该犯提出上诉，温州市中级人民法院二审维持原判。2015年7月22日，谷某某被交付浙江省十里丰监狱执行刑罚。

2017年2月21日，谷某某因涉嫌保险诈骗罪被押回重审，2018年1月29日被温州市瓯海区人民法院以保险诈骗罪判处有期徒刑1年6个月，并处罚金人民币1万元，与前犯受贿罪数罪并罚判处有期徒刑10年3个月，剥夺政治权利1年，并处没收财产人民币5万元、罚金人民币1万元。该犯提出上诉，温州市中级人民法院二审维持原判。2018年5月16日，谷某某重新被交付浙江省十里丰监狱执行刑罚。

检察机关监督情况

（一）线索发现

2019年2月，衢州市三衢地区人民检察院（以下简称三衢院）在对浙江省十里丰监狱开展巡回检察时，罪犯谷某某向检察机关反映，其在2014年受贿罪原审程序中已经如实供述了其涉嫌保险诈骗的事实，在2018年服刑期间又因保险诈骗漏罪再次受审并被数罪并罚，因法律未明确规定对漏罪判决后减刑的起始时间应该如何计算，其呈报减刑受到影响。

（二）调查核实

检察机关重点开展了以下调查核实工作：一是与谷某某进行谈话，进一步掌握相关情况；二是调阅了谷某某相关服刑档案，了解其服刑改造情况，重点查阅了其二次判决的裁判文书等材料；三是向谷某某原涉嫌受贿案的侦查机关进行了核实。查明谷某某在2014年7月因涉嫌违纪违法被温州市瓯海区纪委调查期间，主动交代了其保险诈骗的事实，但因相关工作人员没有及时将该保险诈骗案件线索移送有管辖权的公安机关进行查处，导致谷某某的涉嫌诈骗犯罪未及时查处。自谷某某 2015 年 7 月被投入十里丰监狱服刑至监狱对其启动首次减刑程序，谷某某已实际服刑近 4 年（其中解回再审期间 1 年 3 个月），服刑期间获得 8 个表扬，没有违规扣分情况，已全部退赃并全额履行了财产刑。

（三）监督意见

2019 年 4 月 29 日，三衢院向十里丰监狱发出三衢检丰建 (2019) 1 号检察建议书，对罪犯谷某某的情况进行了充分论证和说理，指出罪犯谷某某服刑期间表现良好，因法律规定对漏罪数罪并罚后减刑起报时间存在空白而迟迟无法获得减刑机会，比照其他罪犯减刑情况，其已大幅超出通常的两年减刑起始时间，影响了刑罚执行的公平性，参照《最高人民法院关于办理减刑、假释案件具体应用法律的规定》第 34 条规定精神，谷某某减刑的起始时间应从原判决执行之日起计算为宜，其已符合减刑条件，建议十里丰监狱对罪犯谷某某及时启动减刑程序，并对今后类似情形的减刑案件及时进行处理。

（四）监督结果

浙江省十里丰监狱收到检察建议书后高度重视，组织召开由法院、检察院和监狱三方参加的专题研判会，对罪犯谷某某减刑个案进行研讨，一致建议由省十里丰监狱上报省监狱管理局请示处置。经省监狱管理局与省法院、省检察院研究，认为罪犯谷某某的漏罪系在原案办理期间主动坦白，可以按照第一次入监时间确定减刑起始时间。

2019 年 6 月 13 日，浙江省十里丰监狱向三衢院回复称：根据上级机关意见，监狱将及时启动对罪犯谷某某的减刑程序。2019年9月2日，十里丰监狱对罪犯谷某某提请减刑7个月。同月27日，衢州市中级人民法院裁定对谷某某减刑7个月。

典型意义

1. 罪犯在刑罚执行期间因主动交代的漏罪而被数罪并罚作出新判决的，罪犯减刑的起始时间应从原判决执行之日起计算。当前法律及司法解释对罪犯在刑罚执行期间因主动交代漏罪而被数罪并罚作出新判决的，罪犯减刑的起始时间从何时计算尚无明确规定，但应从判决执行之日起计算。一是可以鼓励罪犯如实交代余漏罪行、稳定罪犯服刑心理预期、维护刑罚执行公平公正、提升教育改造质量等角度考虑，其减刑的起始时间应从原判决执行之日起计算。二是最高人民法院《关于办理判减刑、假释案件具体应用法律的规定》第34条规定的两种情况看，主动交代漏罪的，原减刑期并非法律"归零"，而是重新确认。而原减刑期正是以原判决执行之日起计算。三是从法理和刑事政策分析，罪犯主动交代漏罪，表示其认罪悔罪态度良好，特别是在非因罪犯之原因导致罪犯因漏罪两次受到刑事追诉的情况下，更不应让罪犯在获得诸如减刑等刑事奖励政策时受到不利影响。

2. 人民检察院应当依法监督罪犯获得公平减刑，发现罪犯符合减刑条件而执行机关未提请减刑的，可以监督执行机关提请减刑。减刑、假释是激励罪犯改造的刑罚制度，是体现刑事执行公平、公正的重要内容。减刑、假释的适用应当贯彻宽严相济刑事政策，最大限度地发挥刑罚的功能，实现刑罚的目的。检察机关作为国家法律监督机关，在刑事执行检察中要秉持客观公正立场，监督的价值取向并非一味从严控制减刑、假释，而是要坚持宽严相济，切实维护刑罚执行的公平公正，对符合减刑条件的罪犯，因执行机关未及时提请减刑导致显失公平的，可以监督执行机关及时提请减刑。

3. 人民检察院针对法律空白点应在充分释法说理的基础上强化监督，积极作为，彰显检察职能。面对减刑、假释实践中纷繁复杂的情况和问题，现有的法律和司法解释等规定难免会出现空白点。检察机关应当积极作为勇于担当，充分发挥检察监督的能动作用，推动个案在法律框架内解决。同时，在监督时要充分论证，强化释法说理，统筹兼顾法理与情理，从而获得被监督单位支持与认可。

相关规定

1.《中华人民共和国刑法》第七十八条

被判处管制、拘役、有期徒刑、无期徒刑的犯罪分子，在执行期间，如果认真遵守监规，接受教育改造，确有悔改表现的，或者有立功表现的，可以减刑；有下列重大立功表现之一的，应当减刑：

（一）阻止他人重大犯罪活动的；

（二）检举监狱内外重大犯罪活动，经查证属实的；

（三）有发明创造或者重大技术革新的；

（四）在日常生产、生活中舍己救人的；

（五）在抗御自然灾害或者排除重大事故中，有突出表现的；

（六）对国家和社会有其他重大贡献的。

减刑以后实际执行的刑期不能少于下列期限：

（一）判处管制、拘役、有期徒刑的，不能少于原判刑期的二分之一；

（二）判处无期徒刑的，不能少于十三年；

（三）人民法院依照本法第五十条第二款规定限制减刑的死刑缓期执行的犯罪分子，缓期执行期满后依法减为无期徒刑的，不能少于二十五年，缓期执行期满后依法减为二十五年有期徒刑的，不能少于二十年。

2.《中华人民共和国刑事诉讼法》第二百七十三条

罪犯在服刑期间又犯罪的，或者发现了判决的时候所没有发现的罪行，由执行机关移送人民检察院处理。

被判处管制、拘役、有期徒刑或者无期徒刑的罪犯，在执行期间确有悔改或者立功表现，应当依法予以减刑、假释的时候，由执行机关提出建议书，报请人民法院审核裁定，并将建议书副本抄送人民检察院。人民检察院可以向人民法院提出书面意见。

3.《最高人民法院关于办理减刑、假释案件具体应用法律的规定》第六条

被判处有期徒刑的罪犯减刑起始时间为：不满五年有期徒刑的，应当执行一年以上方可减刑；五年以上不满十年有期徒刑的，应当执行一年六个月以上方可减刑；十年以上有期徒刑的，应当执行二年以上方可减刑。有期徒刑减刑的起始时间自判决执行之日起计算。

确有悔改表现或者有立功表现的，一次减刑不超过九个月有期徒刑；确有悔改表现并有立功表现的，一次减刑不超过一年有期徒刑；有重大立功表现的，一次减刑不超过一年六个月有期徒刑；确有悔改表现并有重大立功表现的，一次减刑不超过二年有期徒刑。

被判处不满十年有期徒刑的罪犯,两次减刑间隔时间不得少于一年;被判处十年以上有期徒刑的罪犯,两次减刑间隔时间不得少于一年六个月。减刑间隔时间不得低于上次减刑减去的刑期。

罪犯有重大立功表现的,可以不受上述减刑起始时间和间隔时间的限制。

4.《最高人民法院关于办理减刑、假释案件具体应用法律的规定》第七条

对符合减刑条件的职务犯罪罪犯,破坏金融管理秩序和金融诈骗犯罪罪犯,组织、领导、参加、包庇、纵容黑社会性质组织犯罪罪犯,危害国家安全犯罪罪犯,恐怖活动犯罪罪犯,毒品犯罪集团的首要分子及毒品再犯、累犯,确有履行能力而不履行或者不全部履行生效裁判中财产性判项的罪犯,被判处十年以下有期徒刑的,执行二年以上方可减刑,减刑幅度应当比照本规定第六条从严掌握,一次减刑不超过一年有期徒刑,两次减刑之间应当间隔一年以上。

对被判处十年以上有期徒刑的前款罪犯,以及因故意杀人、强奸、抢劫、绑架、放火、爆炸、投放危险物质或者有组织的暴力性犯罪被判处十年以上有期徒刑的罪犯,数罪并罚且其中两罪以上被判处十年以上有期徒刑的罪犯,执行二年以上方可减刑,减刑幅度应当比照本规定第六条从严掌握,一次减刑不超过一年有期徒刑,两次减刑之间应当间隔一年六个月以上。

罪犯有重大立功表现的,可以不受上述减刑起始时间和间隔时间的限制。

5.《最高人民法院关于办理减刑、假释案件具体应用法律的规定》第三十四条

罪犯被裁定减刑后,刑罚执行期间因发现漏罪而数罪并罚

的,原减刑裁定自动失效。如漏罪系罪犯主动交代的,对其原减去的刑期,由执行机关报请有管辖权的人民法院重新作出减刑裁定,予以确认;如漏罪系有关机关发现或者他人检举揭发的,由执行机关报请有管辖权的人民法院,在原减刑裁定减去的刑期总和之内,酌情重新裁定。

6.《人民检察院办理减刑、假释案件规定》第九条

人民检察院发现罪犯符合减刑、假释条件,但是执行机关未提请减刑、假释的,可以建议执行机关提请减刑、假释。

福建省宁德市人民检察院对涉黑涉恶罪犯张某某减刑监督案

——从严把握涉黑涉恶罪犯减刑幅度

关键词

涉黑涉恶罪犯减刑　落实司法责任制　出庭规范

要旨

人民检察院办理涉黑涉恶罪犯减刑监督案件,应当根据法律法规规定从严把握减刑条件。对符合法定减刑条件的涉黑涉恶罪犯,不应"一刀切",应结合罪犯原罪的具体情节、原判刑罚情况、刑罚执行中的表现等因素综合审查,提出监督意见,既体现刑罚执行的严肃性,又保障罪犯依法减刑权利,体现司法温度。

基本案情

罪犯张某某,男,1974年5月2日出生,汉族,初中文化。曾因犯抢劫罪于1992年12月18日被福州市台江区人民法院判处有期徒刑5年,1996年12月9日刑满释放。福建省福州市中级人民法院于2012年10月11日作出(2012)榕刑初字第43号刑事附带民事判决，以被告人张某某参加黑社会性质组织罪，判处有期徒刑3年，犯故意伤害罪，判处有期徒刑10年，剥夺政治权利1年；犯寻衅滋事罪，判处有期徒刑3年6个月，决定执行有期徒刑14年6个月，剥夺政治权利1年；赔偿被害人经济损失人民币2万元，并对赔偿总额人民币224450.5元承担连带责任。被告人张某某不服，提出上诉。福建省高级人民法院于2013年12月25日作出（2012）闽刑终字第606号刑事附带民事裁定书裁定驳回上诉，维持原判，刑期自2011年10月10日起至2026年3月1日止。该犯于2014年2月25日送至宁德监狱服刑改造。

2017年4月28日，福建省宁德市中级人民法院作出的（2017）闽09刑更第211号刑事裁定对罪犯张某某减刑8个月，刑期自2011年10月10日起至2025年7月1日止。

检察机关监督情况

（一）线索发现

2019年4月29日，宁德监狱提请建议对罪犯张某某予以减刑5个月15天，征求检察机关意见。宁德市人民检察院审查认为，罪犯张某某系涉黑罪犯，当前正处于"扫黑除恶"专项斗争攻坚阶段，检察机关应当立足法律监督职能，对涉黑涉恶罪犯减刑假释应当从严把握，严厉打击黑恶势力。但该犯符合法定减刑条件，应结合犯罪的具体情节、原判刑罚情况、刑罚执行中的表现等因素综合认定提出监督意见，切实维护罪犯公平适用刑事法律的权利。

（二）调查核实

宁德市人民检察院检察长为罪犯张某某减刑案的承办人，在收到宁德监狱报请建议减刑的文书材料后，随即开展了调查核实工作：一是对张某某服刑改造情况进行调查。通过询问罪犯张某某，向管教民警及同监区罪犯了解情况，查阅审查计分考核等方式，查明张某某服刑改造情况具备法定减刑要件。二是对张某某原案事实与情节进行审核。通过查阅原案卷宗材料，查明张某某为涉黑组织积极参加者，在犯罪活动中作用突出。三是对涉黑组织犯罪财产性判项进行核实。查明罪犯张某某服刑期间消费额较高，却仅履行部分原判附带民事赔偿责任。此外，承办人还对监狱提取减刑程序依法进行了监督，制作了《减刑、假释提请活动审查意见书》。

（三）监督意见

2019年5月24日，宁德市中级人民法院开庭审理罪犯张某某减刑案。庭审中，检察长当庭讯问罪犯、对相关证据材料进行质证，对罪犯张某某入监以来认罪服法、遵守监规、教育改造等情况进行了说明，发表了罪犯张某某入监后能遵守监规，接受教育改造，有悔罪表现，减刑提请程序符合法律规定，依法可以减刑的检察意见，但鉴于罪犯张某某系涉黑组织积极参加者，在犯罪活动中作用突出，且部分财产性判项未履行完毕，提出依法从严把握减刑的监督意见。在庭审现场，检察长针对压幅减刑意见及本次间隔期较长的原因对罪犯张某某展开释法说理，结合"扫黑除恶"专项斗争，深入普法宣传，正确引导罪犯积极参与劳动教育改造，督促罪犯履行财产性判项还未履行的部分，促进罪犯认罪悔罪，促进改造成为守法公民，法庭效果良好。庭审后，针对庭审程序中不规范，不完善的地方，宁德市人民检察院制定了《宁德市人民检察院减刑、假释案件出庭规范指引（试行）》，对减刑、假释案件庭审程序作了明确规范。

（四）监督结果

2019年5月28日，宁德市中级人民法院采纳检察机关监督意见，作出（2019）闽09刑更395号刑事裁定，认为罪犯张某某在刑罚执行期间确有悔改表现，符合减刑的法定条件，但其服刑期间消费额高，却仅履行部分原判附带民事赔偿责任，且系涉黑犯罪，综合其他犯罪性质、情节和服刑表现考量，裁定对罪犯张某某减去有期徒刑4个月。

典型意义

1. 人民检察院办理涉黑涉恶罪犯减刑案件时，应当认真贯彻刑罚政策，依法从严把握。检察机关应当立足法律监督职能，依法监督法院、监狱严格履职尽责，对涉黑涉恶罪犯减刑假释应当从严把握，对不应减刑假释而监狱提请的，应当及时监督纠正；对减刑幅度不当的，应当及时提出压幅减刑的意见。对涉黑涉恶罪犯提请减刑假释，虽然符合减刑假释条件，但应当综合罪犯服刑期间的表现、财产刑履行情况等，从严把控，体现刑罚执行严肃性。

2. 检察长带头参与减刑案件办理，是落实中央司法体制改革精神，积极推行检察官办案责任制重要举措。检察长、副检察长带头办案，深入刑事执行检察监督办案一线，查办减刑假释监督等案件，成为常态。检察长带头参与阅卷、开庭，在庭审中充分释法说理，庭审效果良好，不仅充分发挥了院领导办大案、办要案的示范作用,也带动了全院检察官的积极性,既能对规范司法行为起到表率作用,又能对职业素能建设起到带动作用。

3. 保障罪犯的减刑权利是依法维护在押人员合法权益的一项重要举措。法律规定减刑是对有良好服刑表现罪犯的奖励,给予罪犯悔过自新的机会,提请减刑的涉黑涉恶罪犯在服刑期间能够自觉改正、表现良好、认罪服法,积极接受劳动教育改造,符合减刑条件的,应当保障其享有合法权益。同时强化庭审释法说理,使罪犯既感受到法律的尊严权威,又感受到司法人文关怀。

4. 人民检察院办理减刑案件时,应当进一步督促规范减刑庭审程序。通过开展庭审参与、庭后评议、联席会议等,进一步规范对减刑、假释案件办理实体、程序等全面审查,强化证据提交、调查核实、讯问罪犯、庭审监督等工作,并出台相关庭审规范性文件,督促减刑假释案件庭审规范,实现工作模式由"办事模式"向"办案模式"转变。

相关规定

1. 《中华人民共和国刑法》第七十八条

被判处管制、拘役、有期徒刑、无期徒刑的犯罪分子,在执行期间,如果认真遵守监规,接受教育改造,确有悔改表现的,或者有立功表现的,可以减刑;有下列重大立功表现之一的,应当减刑:

(一)阻止他人重大犯罪活动的;

(二)检举监狱内外重大犯罪活动,经查证属实的;

(三)有发明创造或者重大技术革新的;

(四)在日常生产、生活中舍己救人的;

（五）在抗御自然灾害或者排除重大事故中，有突出表现的；

（六）对国家和社会有其他重大贡献的。

减刑以后实际执行的刑期不能少于下列期限：

（一）判处管制、拘役、有期徒刑的，不能少于原判刑期的二分之一；

（二）判处无期徒刑的，不能少于十三年；

（三）人民法院依照本法第五十条第二款规定限制减刑的死刑缓期执行的犯罪分子，缓期执行期满后依法减为无期徒刑的，不能少于二十五年，缓期执行期满后依法减为二十五年有期徒刑的，不能少于二十年。

2.《中华人民共和国刑事诉讼法》第二百七十三条

罪犯在服刑期间又犯罪的，或者发现了判决的时候所没有发现的罪行，由执行机关移送人民检察院处理。

被判处管制、拘役、有期徒刑或者无期徒刑的罪犯，在执行期间确有悔改或者立功表现，应当依法予以减刑、假释的时候，由执行机关提出建议书，报请人民法院审核裁定，并将建议书副本抄送人民检察院。人民检察院可以向人民法院提出书面意见。

3.《最高人民法院关于办理减刑、假释案件具体应用法律的规定》第二条

对于罪犯符合刑法第七十八条第一款规定"可以减刑"条件的案件，在办理时应当综合考察罪犯犯罪的性质和具体情节、社会危害程度、原判刑罚及生效裁判中财产性判项的履行情况、交付执行后的一贯表现等因素。

江西省南昌长埭地区人民检察院对监狱违规提请罪犯李某某减刑监督案

——从入监教育计分考核入手监督规范入监教育工作

关键词

减刑　计分考核　合法权益

要旨

人民检察院依法对减刑、假释案件的提请、审理、裁定等活动是否合法实行法律监督。人民检察院可以派员列席执行机关提请减刑、假释评审会议，了解案件有关情况，根据需要发表意见。执行机关应当在减刑假释评审委员会完成评审和公示程序后，将提请减刑、假释建议送人民检察院征求意见。人民检察院对拟提请减刑、假释罪犯的考核计分、专项奖励或者鉴定材料、奖惩记录有异议的，应当进行调查核实，并根据调查情况依法向监狱提出提出书面检察意见。

基本案情

罪犯李某某，男，汉族，1982年10月6日出生，初中文化程度,住江西省九江市濂溪区新港集镇××村×组×号。2018年6月13日因犯非法拘禁罪、开设赌场罪被江西省九江市濂溪区人民法院判处有期徒刑1年8个月,并处罚金人民币5000元(已缴纳)。目前在江西省赣江监狱服刑。

检察机关监督情况

(一)线索发现

江西省赣江监狱于2019年5月24日向南昌长堎地区检察院征求罪犯李某某提请减刑一案意见,赣江监狱认为,罪犯李某某服刑期间获得月表扬1次,余分202.31分,符合减刑条件,拟对其提请减刑,建议减去有期徒刑4个月。

(二)调查核实

长堎地区检察院驻监检察室收到监狱拟提请减刑建议和案卷材料等证据后进行了全面审查。经审查发现,罪犯李某某2018年7月4日入监,在入监队培训学习至2018年8月14日后分配至四监区,2018年8月共计参加劳动17天,但四监区却按照全月的时间计算基础分和劳动分,最后认定李某某获得表扬1个,余分202.31分。根据规定,计分考核按月进行,自罪犯入监教育结束之次日起实施,考核期不足一个月的,按照天数考核计分。罪犯李某某应当扣除多给奖分44.31分,获得奖励为表扬1次,余分158分,根据百分制呈报规则,可用于呈报减刑的奖励为表扬1次,余分100分,实际应呈报减刑3个月15天。

(三)监督意见

针对违规计分考核的问题,长堎地区检察院向赣江监狱提出检察意见，建议监狱扣除错误奖分，按照重新核算的奖分呈报减刑。并针对以上问题，组织驻监检察人员对监狱进行了全面排查，发现普遍存在此类违规计分考核的情况，要求监狱及时召开计分考核领导小组会议，立即纠正。在检察中还发现，赣江监狱存在新犯入监教育时间不足和教育时间不统一的问题，遂提出口头检察建议，要求其立即整改。

（四）监督结果

赣江监狱采纳了长埭地区检察院的检察意见，于2019年5月30日向南昌市中级人民法院提出减刑建议书，提请减刑幅度为3个月15天。同时，赣江监狱对此类情况进行全面自查，经自查共有620名罪犯存在上述问题，现已全部纠正整改。针对检察中发现的新犯入监教育时间不足和教育时间不统一的问题，2019年8月26日，监狱召开计分考核领导小组会议，会议决定罪犯入监教育时间为2个月，在此期间不进行计分考核。

典型意义

1. 计分考核是罪犯服刑改造的核心问题，只有加强监督，促进计分考核公平公正，才能充分调动罪犯改造积极性，营造良好的改造环境。

2. 以入监教育期间考核存在的问题为突破口，深挖问题根源，促使监狱明确落实入监教育两个月的期限，解决了赣江监狱多年来落实入监教育制度不到位、重生产轻教育的问题，保障了罪犯的合法权益。

3. 新时代的检察机关应该立足主业，加强办案监督，在监督中办案，在办案中监督，本案是刑罚执行检察业务"在办案中监督"的典型事例。

相关规定

1. 《中华人民共和国刑法》第七十八条

被判处管制、拘役、有期徒刑、无期徒刑的犯罪分子，在执行期间，如果认真遵守监规，接受教育改造，确有悔改表现的，或者有立功表现的，可以减刑；有下列重大立功表现之一的，应当减刑：

（一）阻止他人重大犯罪活动的；

（二）检举监狱内外重大犯罪活动，经查证属实的；

（三）有发明创造或者重大技术革新的；

（四）在日常生产、生活中舍己救人的；

（五）在抗御自然灾害或者排除重大事故中，有突出表现的；

（六）对国家和社会有其他重大贡献的。

减刑以后实际执行的刑期不能少于下列期限：

（一）判处管制、拘役、有期徒刑的，不能少于原判刑期的二分之一；

（二）判处无期徒刑的，不能少于十三年；

（三）人民法院依照本法第五十条第二款规定限制减刑的死刑缓期执行的犯罪分子，缓期执行期满后依法减为无期徒刑的，不能少于二十五年，缓期执行期满后依法减为二十五年有期徒刑的，不能少于二十年。

2. 《中华人民共和国刑事诉讼法》第二百七十三条

罪犯在服刑期间又犯罪的，或者发现了判决的时候所没有发现的罪行，由执行机关移送人民检察院处理。"

被判处管制、拘役、有期徒刑或者无期徒刑的罪犯，在执行期间确有悔改或者立功表现，应当依法予以减刑、假释的时候，由执行机关提出建议书，报请人民法院审核裁定，并将建议书副本抄送人民检察院。人民检察院可以向人民法院提出书面意见。

3.《人民检察院办理减刑、假释案件规定》第二条

人民检察院依法对减刑、假释案件的提请、审理、裁定等活动是否合法实行法律监督。

4.《人民检察院办理减刑、假释案件规定》第六条

具有下列情形之一的，人民检察院应当进行调查核实：

（一）拟提请减刑、假释罪犯系职务犯罪罪犯，破坏金融管理秩序和金融诈骗犯罪罪犯，黑社会性质组织犯罪罪犯，严重暴力恐怖犯罪罪犯，或者其他在社会上有重大影响、社会关注度高的罪犯；

（二）因罪犯有立功表现或者重大立功表现拟提请减刑的；

（三）拟提请减刑、假释罪犯的减刑幅度大、假释考验期长、起始时间早、间隔时间短或者实际执行刑期短的；

（四）拟提请减刑、假释罪犯的考核计分高、专项奖励多或者鉴定材料、奖惩记录有疑点的；

（五）收到控告、举报的；

（六）其他应当进行调查核实的。

5.《人民检察院办理减刑、假释案件规定》第八条

人民检察院可以派员列席执行机关提请减刑、假释评审会议，了解案件有关情况，根据需要发表意见。

6.《监狱提请减刑假释工作程序规定》第十条第一款

监狱提请减刑假释评审委员会应当召开会议，对刑罚执行

（狱政管理）部门审查提交的减刑、假释建议进行评审。会议应当有书面记录，并由与会人员签名。

7.《监狱提请减刑假释工作程序规定》第十二条

监狱应当在减刑假释评审委员会完成评审和公示程序后，将提请减刑、假释建议送人民检察院征求意见。征求意见后，监狱减刑假释评审委员会应当将提请减刑、假释建议和评审意见连同人民检察院意见，一并报请监狱长办公会议审议决定。监狱对人民检察院意见未予采纳的，应当予以回复，并说明理由。

湖北省荆门市沙洋地区人民检察院对监狱提请罪犯朱某某减刑不当监督案

——以重点监督和繁简分流实现司法公正与效率的有机统一

关键词

减刑监督　繁简分流　重点监督　问题导向

要旨

人民检察院办理减刑监督案件，应当推行繁简分流机制，将职务犯罪等重点罪犯的减刑案件与一般减刑案件予以区分，实行繁案精办、简案快办，对重点案件重点监督、精细化办理。审查重点罪犯减刑案件，不能仅审查是否符合法定的基本条件，还应注重细节性审查，紧盯罪犯计分考核、立功受奖等关键环节。同时，应坚持问题导向原则，深入查找违法违规及不当案件背后的违法犯罪线索及管理漏洞。

基本案情

罪犯朱某某，男，汉族，1962年11月11日出生，大学文化程度，因犯受贿罪于2014年12月22日被湖北省荆门市东宝区人民法院判处有期徒刑 7 年，并处没收个人财产人民币 5 万元。2015 年 1 月 6 日，朱某某被交付湖北省沙洋小江湖监狱执行。执行期间，于 2018 年 4 月 24 日经湖北省沙洋人民法院裁定减刑 8 个月。

2019 年 9 月，湖北省沙洋小江湖监狱以罪犯朱某某获得监狱表扬 4 个为重要依据，认定其确有悔改表现，拟提请减刑 8 个月。

人民检察院监督情况

（一）线索发现

2019 年 9 月，湖北省沙洋小江湖监狱就提请罪犯朱某某减刑一案征求人民检察院意见。因朱某某系原县处级职务犯罪罪犯，荆门市沙洋地区人民检察院对其减刑案进行重点监督，初步审查后发现了朱某某因撰写稿件被采用而获得较多奖分的疑点。

（二）调查核实

为查明朱某某的计分考核及相应表扬是否真实，承办检察官就发现的疑点认真开展调查：一是查阅计分考核材料，全面梳理统计朱某某因撰写稿件而获得奖分情况；二是调取湖北省沙洋小江湖监狱近年来罪犯稿件奖分建议记录、罪犯稿件底稿、监狱系统报刊等证据材料；三是将朱某某被采用稿件逐一进行网上搜索比对。经查，因撰写稿件被宣传媒体采用，朱某某本次减刑考核期内共计获得奖分 119 分，但部分被采用稿件存在抄袭、剽窃他人作品的情况。

（三）监督意见

2019 年 9 月 30 日，荆门市沙洋地区人民检察院发出《减刑提请活动检察意见书》，认为罪犯朱某某不符合减刑条件，建议监狱撤销减刑提请，主要理由是：根据司法部《关于计分考核罪犯的规定》第3条、第31条之规定，监狱对罪犯的计分考核结果及相应表扬，是依法报请减刑的重要依据。朱某某采取抄袭、剽窃他人作品的方式骗取而来的奖分及相应奖励应予以撤销，不能作为提请减刑的依据。

（四）监督结果

2019年10月14日，湖北省沙洋小江湖监狱召开监狱长办公会讨论决定后，书面回复称，采纳人民检察院的纠正意见，撤销对罪犯朱某某的减刑提请。同时，监狱还以此为契机，对近年来重点罪犯计分考核开展清查，规范罪犯稿件被采用奖分，严格控制职务犯罪罪犯奖分总量。

典型意义

1. 办理减刑监督案件应推行繁简分流机制，明确重点监督对象。实践中，减刑案件实行定期批量式的办理模式，要求短时间内集中办理大批量案件，导致案多人少矛盾进一步凸显，不利于提升监督质效。推行案件繁简分流机制，既是破解案多人少难题的现实需要，也是促进司法责任制改革目标实现的重要举措。人民检察院办理减刑监督案件，应推行繁简分流机制，重点监督三类罪犯、奖分奖励偏高、减刑频率高幅度大、劳动岗位特殊、换岗调监次数多等重点罪犯的减刑。对重点案件采取书面审查与实际调查相结合，对一般案件则以书面审查为主，因案制宜、依法依规，繁案精办、简案快办，繁出精品、简出效率，实现司法公正与效率的有机统一。

2. 审查重点罪犯减刑案件应注重细节，紧盯关键环节。监狱对罪犯的计分考核结果，是认定罪犯悔改表现的量化标准及报请减刑的重要依据，实践中也容易滋生腐败、出现违法不当。因此，检察人员审查重点罪犯减刑案件不能止步于形式化的基本条件审查，应注重细节，紧盯罪犯计分考核、立功受奖等关键环节，细致审查重点罪犯尤其是职务犯罪罪犯的劳动岗位安排是否公平、奖分依据是否充分、是否比其他罪犯容易得分等。同时，还应在派驻检察、巡回检察中强化对罪犯计分考核的日常监督，从源头上保障刑罚变更执行的公平公正。

3. 办理减刑监督案件应坚持问题导向原则，以点带面促规范。人民检察院办理减刑监督案件应坚持问题导向原则，督促监狱整改落实，坚决监督纠正违法违规及不当案件。同时，充分运用法律赋予人民检察院的调查核实权，深入查找违法违规及不当案件背后可能隐藏的相关司法工作人员职务犯罪线索及监狱管理的制度性漏洞。经调查核实，对相关司法工作人员违法犯罪的，依法依纪追究责任；对苗头性、倾向性问题，依法提出检察建议，督促建章立制、堵塞漏洞，巩固监督办案成果。

相关规定

1. 《中华人民共和国刑法》第七十八条

被判处管制、拘役、有期徒刑、无期徒刑的犯罪分子，在执行期间，如果认真遵守监规，接受教育改造，确有悔改表现的，或者有立功表现的，可以减刑；有下列重大立功表现之一的，应当减刑：

（一）阻止他人重大犯罪活动的；

（二）检举监狱内外重大犯罪活动，经查证属实的；

（三）有发明创造或者重大技术革新的；

（四）在日常生产、生活中舍己救人的；

（五）在抗御自然灾害或者排除重大事故中，有突出表现的；

（六）对国家和社会有其他重大贡献的。

减刑以后实际执行的刑期不能少于下列期限：

（一）判处管制、拘役、有期徒刑的，不能少于原判刑期的二分之一；

（二）判处无期徒刑的，不能少于十三年；

（三）人民法院依照本法第五十条第二款规定限制减刑的死刑缓期执行的犯罪分子，缓期执行期满后依法减为无期徒刑的，不能少于二十五年，缓期执行期满后依法减为二十五年有期徒刑的，不能少于二十年。

2.《中华人民共和国刑事诉讼法》第二百七十六条

人民检察院对执行机关执行刑罚的活动是否合法实行监督。如果发现有违法的情况，应当通知执行机关纠正。

3.《司法部关于计分考核罪犯的规定》第三条

计分考按月进行，自罪犯入监教育结束次日起实施。监狱根据计分考核结果对罪犯给予奖励，实施分级处遇，依法提请减刑、假释。

4.《司法部关于计分考核罪犯的规定》第三十一条

监狱对罪犯的计分考核结果及相应表扬，作为依法提请减刑、假释的重要依据，提交人民法院。

5.《监狱提请减刑工作程序规定》第十二条

监狱应当在减刑假释评审委员会完成评审和公示程序后，将提请减刑、假释建议送人民检察院征求意见。征求意见后，监狱减刑假释评审委员会应当将提请减刑、假释建议和评审意见连同人民检察院意见,一并报请监狱长办公会议审议决定。监狱对人民检察院意见未予采纳的,应当予以回复,并说明理由。

湖南省岳阳市荆剑地区人民检察院
对监狱提请罪犯邓某减刑不当监督案

——监督监狱移送罪犯提请减刑期间违规材料
确保刑罚变更执行准确恰当

关键词

提请违规　撤销减刑裁定　完善提请制度

要旨

执行机关发现已提请减刑、假释尚未裁定的罪犯在提请期间违反监规，可能影响"确有悔改表现"认定的，应当及时将相关材料向人民法院报送，由法院全面审查后予以裁定。执行机关未及时报送相关材料，导致法院在未全面掌握罪犯的改造表现情况下对罪犯裁定减刑的，人民检察院应当依法监督撤销减刑裁定，对执行机关提出纠正意见，并督促执行机关整改完善减刑假释提请工作机制。

基本案情

罪犯邓某，男性，汉族，1988年2月26日出生，初中文化程度，湖南省益阳市安化县人。2011年10月27日因抢劫罪被湖南省安化县人民法院判处有期徒刑10年，并处罚金人民币3万元，刑期自2011年9月5日起至2021年9月4日止。2012年1月10日交付湖南省岳阳监狱执行刑罚，2014年12月29日减刑1年2个月；2017年9月15日减刑7个月，减刑后刑期至2019年12月4日。

检察机关监督情况

（一）线索发现

2019年7月，岳阳市荆剑地区人民检察院在办理岳阳监狱罪犯邓某减刑提请检察案件时发现，该犯2017年8月因存在较为严重的违规行为被监狱扣考核分130分，2017年9月15日被岳阳市中级法院裁定减刑7个月，可能存在监狱提请减刑不当、检察机关出具检察意见不当、法院裁定减刑不当情况，相关执法干警可能涉嫌失职、渎职。

（二）调查核实

为了保障刑罚变更执行的公平公正，岳阳市荆剑地区人民检察院采取调阅案卷材料、询问监狱干警和服刑罪犯等方式展开了全面深入调查。经调查发现，2017年8月初，岳阳监狱认为罪犯邓某确有悔改表现（考核周期为2014年10月至2017年7月），拟对其提请减刑7个月并征求检察机关的意见，岳阳市荆剑地区人民检察院经审查后于2017年8月6日出具同意提请减刑的检察意见。2017年8月12日，罪犯邓某因琐事持茶杯击打罪犯谢某头部，监区未将此情况及时上报监狱刑罚执行科。2017

年 8 月 16 日，岳阳监狱召开监狱长办公会，决定对罪犯邓某提请减刑 7 个月。2017 年 8 月 23 日，监区对邓某作出扣考核分 130 分的处理决定，但仍未及时将情况上报监狱业务部门，岳阳监狱因此没有向岳阳市中级人民法院申请撤回对罪犯邓某的减刑提请。岳阳监狱也没有将对罪犯邓某处理决定向岳阳市荆剑地区人民检察院和岳阳市中级人民法院进行通报。2017 年 9 月 15 日岳阳市中级人民法院对罪犯邓某裁定减刑 7 个月。

（三）监督意见

岳阳市荆剑地区人民检察院经审查认为，减刑制度设立的初衷是对确有悔改表现罪犯的一种奖励，根据《中华人民共和国监狱法》第 58 条的相关规定，罪犯邓某在减刑提请期间持械打人属于严重破坏监管秩序行为，不符合《最高人民法院关于办理减刑、假释案件具体应用法律的规定》第 3 条关于"确有悔改表现"的规定，不能认定罪犯邓某确有悔改表现，不符合减刑法定条件。邓某违规打人事件发生后，岳阳监狱未将相关情况向检察机关通报，也未将扣分处理材料向法院移送，严重影响了法院对罪犯邓某减刑案件综合全面的评判，造成罪犯邓某于 2017 年 9 月被裁定减刑，在服刑罪犯中造成严重负面影响，岳阳监狱在此事件中存在严重违法情形，应当依法予以纠正。

2019 年 7 月 24 日，岳阳市荆剑地区人民检察院向岳阳监狱发出纠正违法通知书，要求岳阳监狱纠正 2017 年 8 月对罪犯邓某违法提请减刑活动，并且向岳阳市中级人民法院申请撤销减刑裁定，以维护刑罚变更执行的严肃性。同时岳阳市荆剑地区人民检察院向岳阳市中级人民法院发出检察意见书，通报了相关情况，并附带移送了相关证据。

岳阳监狱收到纠正违法通知书后对此案高度重视，立即成立调查组对该案进行自查。监狱调查后认为，罪犯邓某所在监区的当事民警在 2017 年 8 月对邓某提请减刑过程中不存在徇私舞弊、收受贿赂等违法犯罪行为；邓某违规情况未及时通报是因为处理决定作出时邓某的提请减刑案卷已经被送至法院，并非监狱有意为之；如果邓某 2017 年 8 月减刑提请撤回，其于 2015 年 1 月至 2019 年 7 月间仅有一次减刑机会，对邓某有失公平。对此，岳阳市荆剑地区人民检察院办案人员专门前往岳阳监狱，向该狱相关负责同志出示了相关证据，并进行释法说理，指明：（1）岳阳监狱相关干警在本案中虽无徇私舞弊、收受贿赂行为，但根据《中华人民共和国监狱法》和《最高人民法院关于办理减刑、假释案件具体应用法律的规定》的相关规定，罪犯邓某在减刑提请期间持械打人，属于严重破坏监管秩序的行为，不能认定为"确有悔改表现"，不符合减刑法定条件；（2）根据《监狱提请减刑假释工作程序规定》第 15 条和《最高人民法院关于办理减刑、假释案件审理程序的规定》第 2 条的规定，执行机关向法院提供的提请减刑材料必须全面充分，不能随意筛减；（3）刑罚变更执行的提请、审查、裁定是非常严肃的法律活动，对于程序违规、内容违法的刑罚变更执行活动一旦发现必须予以纠正，倘若认为罪犯邓某符合减刑条件，可以另行提请。

（四）监督结果

通过检察机关充分释法说理，岳阳监狱认识到问题的严重性，及时向岳阳市中级人民法院提出关于撤销对罪犯邓某 2017 年 9 月减刑裁定的申请。2019 年 7 月 30 日，岳阳市中级人民法院依法作出裁定，撤销岳阳市中级人民法院 2017 年 9 月对罪犯邓某裁定减刑 7 个月的刑事裁定，对邓某减去 7 个月的刑期不计入已经执行的刑期，并重新计算了刑期。

岳阳市荆剑地区人民检察院就本案中发现的监狱在服刑罪犯提请减刑、假释过程中存在的罪犯改造考核情况通报不及时、提请撤回机制不完善等问题与岳阳市中级人民法院、岳阳监狱进行了多次商讨，达成一致意见。2019年12月30日，三家联合制定了《岳阳监狱办理罪犯减刑、假释考核工作规定》，明确了减刑、假释活动中的各项制度，规范了执法办案，有力维护和强化了刑事执行检察的权威，实现了通过个案办理促进制度完善的良好监督效果。

典型意义

刑罚变更执行是促进和激励罪犯教育改造的一项重要制度，对"树立治本安全观，促进把罪犯改造成守法公民"有着重要意义。但现实工作中，执行机关出于减轻监管压力、促进生产任务落实等情况，对个别悔改表现一般甚至屡次违规的罪犯仍然提请减刑、假释，不仅对监狱的改造工作造成负面影响，还背离了监狱改造人、教育人的设立初衷。本案的办理扭转了监狱的执法理念，进一步树立了检察机关专业、权威的法律监督形象。本案的指导意义有：

1. 体现了办案人员丰富的办案经验。本案中办案人员在大量的减刑、假释案卷中，敏锐发现了罪犯邓某2017年的考核扣分和减刑裁定之间存在的疑点，并以此为契机在短时间将本案始末调查清楚。

2. 释法说理清晰，有力维护了刑罚执行的严肃性。本案中，面对监狱的不同意见，岳阳市荆剑地区人民检察院凭借扎实的证据和充分的说理，成功扭转了岳阳监狱的执法理念，促使法院重新作出裁定，有力维护了刑罚变更执行的公平公正，体现了检察监督的权威和专业。

3. 通过个案办理促进制度完善。本案的办理推动了岳阳监狱联合岳阳市荆剑地区人民检察院和岳阳市中级人民法院制定了《岳阳监狱办理罪犯减刑、假释考核工作规定》，明确了减刑、假释活动中的各项制度，规范了执法办案，有力维护和强化了刑事执行检察的权威。

4. 取得了良好的办案效果。本案的办理树立了检察机关权威专业的监督形象，促使法院撤销了裁定，促进监狱完善了相关制度，形成了"双赢、多赢、共赢"的良好局面，取得了良好的办案效果。

相关规定

1. 《中华人民共和国刑法》第七十八条

被判处管制、拘役、有期徒刑、无期徒刑的犯罪分子，在执行期间，如果认真遵守监规，接受教育改造，确有悔改表现的，或者有立功表现的，可以减刑；有下列重大立功表现之一的，应当减刑：

（一）阻止他人重大犯罪活动的；

（二）检举监狱内外重大犯罪活动，经查证属实的；

（三）有发明创造或者重大技术革新的；

（四）在日常生产、生活中舍己救人的；

（五）在抗御自然灾害或者排除重大事故中，有突出表现的；

（六）对国家和社会有其他重大贡献的。

减刑以后实际执行的刑期不能少于下列期限：

（一）判处管制、拘役、有期徒刑的，不能少于原判刑期的二分之一；

（二）判处无期徒刑的，不能少于十三年；

（三）人民法院依照本法第五十条第二款规定限制减刑的死刑缓期执行的犯罪分子，缓期执行期满后依法减为无期徒刑的，不能少于二十五年，缓期执行期满后依法减为二十五年有期徒刑的，不能少于二十年。

2.《中华人民共和国刑事诉讼法》第二百七十六条

人民检察院对执行机关执行刑罚的活动是否合法实行监督。如果发现有违法的情况，应当通知执行机关纠正。

3.《中华人民共和国监狱法》第五十八条

罪犯有下列破坏监管秩序情形之一的，监狱可以给予警告、记过或者禁闭：

（一）聚众哄闹监狱，扰乱正常秩序的；

（二）辱骂或者殴打人民警察的；

（三）欺压其他罪犯的；

（四）偷窃、赌博、打架斗殴、寻衅滋事的；

（五）有劳动能力拒不参加劳动或者消极怠工，经教育不改的；

（六）以自伤、自残手段逃避劳动的；

（七）在生产劳动中故意违反操作规程，或者有意损坏生产工具的；

（八）有违反监规纪律的其他行为的。

依照前款规定对罪犯实行禁闭的期限为七天至十五天。

罪犯在服刑期间有第一款所列行为，构成犯罪的，依法追究刑事责任。

4. 《最高人民法院关于办理减刑、假释案件具体应用法律的规定》第三条

"确有悔改表现"是指同时具备以下条件：

（一）认罪悔罪；

（二）遵守法律法规及监规，接受教育改造；

（三）积极参加思想、文化、职业技术教育；

（四）积极参加劳动，努力完成劳动任务。

对职务犯罪、破坏金融管理秩序和金融诈骗犯罪、组织（领导、参加、包庇、纵容）黑社会性质组织犯罪等罪犯，不积极退赃、协助追缴赃款赃物、赔偿损失，或者服刑期间利用个人影响力和社会关系等不正当手段意图获得减刑、假释的，不认定其"确有悔改表现"。

罪犯在刑罚执行期间的申诉权利应当依法保护，对其正当申诉不能不加分析地认为是不认罪悔罪。

5. 《人民检察院监狱检察办法》第十四条

发现监狱在提请减刑、假释活动中有下列情形的，应当及时提出纠正意见：

（一）对没有悔改表现或者立功表现的罪犯，提请减刑的；

（二）对没有悔改表现，假释后可能再危害社会的罪犯，提请假释的；

（三）对累犯以及因杀人、爆炸、抢劫、强奸、绑架等暴力性犯罪被判处十年以上有期徒刑、无期徒刑的罪犯，提请假释的；

（四）对依法应当减刑、假释的罪犯没有提请减刑、假释的；

（五）提请对罪犯减刑的起始时间、间隔时间和减刑后又假释的间隔时间不符合有关规定的；

(六）被提请减刑、假释的罪犯被减刑后实际执行的刑期或者假释考验期不符合有关规定的；

(七）提请减刑、假释没有完备的合法手续的；

(八）其他违反提请减刑、假释规定的。

6.《人民检察院监狱检察办法》第四十八条

纠正违法的程序：

(一）派驻检察人员发现轻微违法情况，可以当场提出口头纠正意见，并及时向派驻检察机构负责人报告，填写《检察纠正违法情况登记表》；

(二）派驻检察机构发现严重违法情况，或者在提出口头纠正意见后被监督单位七日内未予纠正且不说明理由的，应当报经本院检察长批准，及时发出《纠正违法通知书》；

(三）人民检察院发出《纠正违法通知书》后十五日内，被监督单位仍未纠正或者回复意见的，应当及时向上一级人民检察院报告。

对严重违法情况，派驻检察机构应当填写《严重违法情况登记表》，向上一级人民检察院监所检察部门报送并续报检察纠正情况。

7.《监狱提请减刑假释工作程序规定》第八条

监区或者直属分监区提请减刑、假释，应当报送下列材料：

(一）《罪犯减刑（假释）审核表》；

(二）监区长办公会或者直属分监区、监区人民警察集体研究会议的记录；

(三）终审法院的判决书、执行通知书、历次减刑裁定书的复印件；

(四）罪犯计分考核明细表、罪犯评审鉴定表、奖惩审批表和其他有关证明材料。

（五）罪犯确有悔改表现或者立功、重大立功表现的具体事实的书面证明材料。

8.《监狱提请减刑假释工作程序规定》第九条

监狱刑罚执行部门收到监区或者直属分监区对罪犯提请减刑、假释的材料后，应当就下列事项进行审查：

（一）需提交的材料是否齐全、完备、规范；

（二）罪犯确有悔改或者立功、重大立功表现的具体事实的书面证明材料是否来源合法；

（三）罪犯是否符合法定减刑、假释的条件；

（四）提请减刑、假释的建议是否适当。

经审查，对材料不齐全或者不符合提请条件的，应当通知监区或者直属分监区补充有关材料或者退回；对相关材料有疑义的，应当提讯罪犯进行核查；对材料齐全、符合提请条件的，应当出具审查意见，连同监区或者直属分监区报送的材料一并提交监狱减刑假释评审委员会评审。提请罪犯假释的，还应当委托县级司法行政机关对罪犯假释后对所居住社区影响进行调查评估，并将调查评估报告一并提交。

9.《监狱提请减刑假释工作程序规定》第十四条

监狱在向人民法院提请减刑、假释的同时，应当将提请减刑、假释的建议书副本抄送人民检察院。

10.《人民检察院办理减刑、假释案件规定》第五条

人民检察院收到执行机关移送的下列减刑、假释案件材料后，应当及时进行审查：

（一）执行机关拟提请减刑、假释意见；

（二）终审法院裁判文书、执行通知书、历次减刑裁定书；

（三）罪犯确有悔改表现、立功表现或者重大立功表现的证明材料；

（四）罪犯评审鉴定表、奖惩审批表；

（五）其他应当审查的案件材料。

对拟提请假释案件，还应当审查社区矫正机构或者基层组织关于罪犯假释后对所居住社区影响的调查评估报告。

11.《最高人民法院关于办理减刑、假释案件审理程序的规定》第二条

人民法院受理减刑、假释案件，应当审查执行机关移送的下列材料：

（一）减刑或者假释建议书；

（二）终审法院裁判文书、执行通知书、历次减刑裁定书的复印件；

（三）罪犯确有悔改或者立功、重大立功表现的具体事实的书面证明材料；

（四）罪犯评审鉴定表、奖励审批表等；

（五）其他根据案件审理需要应予移送的材料。

报请假释的，应当附有社区矫正机构或者基层组织关于罪犯假释后对所居住社区影响的调查评估报告。

人民检察院对报请减刑、假释案件提出检查意见的，执行机关应当一并移送受理减刑、假释案件的人民法院。

经审查，材料齐备的，应当立案；材料不齐的，应当通知执行机关在三日内补送，逾期未补送的，不予立案。

12.《最高人民法院关于办理减刑、假释案件审理程序的规定》第五条

人民法院审理减刑、假释案件，除应当审查罪犯在执行期间

的一贯表现外，还应当综合考虑犯罪的具体情节、原判刑罚情况、财产刑执行情况、附带民事裁判履行情况、罪犯退赃退赔等情况。

人民法院审理假释案件，除应当审查第一款所列情形外，还应当综合考虑罪犯的年龄、身体状况、性格特征、假释后生活来源以及监管条件等影响再犯罪的因素。

执行机关以罪犯有立功表现或者重大立功表现为由提出减刑的，应当审查立功或者重大立功表现是否属实。涉及发明创造、技术革新或者其他贡献的，应当审查该成果是否系罪犯在执行期间独立完成，并经有关主管机关确认。

广西柳州市露塘地区人民检察院
对监狱提请罪犯梁某某等人减刑不当监督案

——依法监督纠正刑罚执行机关适用法律错误，
　保障在押人员合法权益

关键词

减刑适用　减刑后实际执行刑期　维护罪犯合法权益

要旨

判处有期徒刑的罪犯，减刑以后实际执行的刑期不能少于原判刑期的 1/2，执行原判刑期的 1/2 的时间，应从判决执行之日计算，判决执行以前先行羁押的，羁押一日折抵一日。检察机关在办案中主动加强与人民法院、监狱的沟通协调，争取支持配合，形成工作合力，在办案中注重依法保障在押人员合法权益，有利于促进罪犯改造。

基本案情

罪犯梁某某，男，1993 年 9 月 24 日出生，因犯故意伤害罪于 2016 年 11 月 15 日被广西南宁市中级人民法院判处有期徒刑 5

年，刑期自 2015 年 2 月 9 日起至 2020 年 2 月 8 日止，2017 年 3 月 23 日交付广西柳城监狱（以下简称柳城监狱）执行。

罪犯冯某某，男，1990 年 9 月 19 日出生，因犯非法买卖枪支罪于 2017 年 8 月 25 日被广西宾阳县人民法院判处有期徒刑 3 年 10 个月，刑期自 2015 年 12 月 30 日起至 2019 年 10 月 29 日止，2017 年 10 月 27 日交付柳城监狱执行。

罪犯陈某某，男，1993 年 2 月 5 日出生，因犯聚众斗殴罪于 2017 年 8 月 13 日被广西横县人民法院判处有期徒刑 3 年 10 个月，刑期自 2016 年 3 月 10 日起至 2020 年 1 月 9 日止，2017 年 9 月 26 日交付柳城监狱执行。

2019 年 5 月，柳城监狱认为，罪犯梁某某、冯某某、陈某某服刑期间确有悔改表现，拟对 3 名罪犯提请减刑，但认为 3 名罪犯实际执行刑期未达原判刑期的 1/2，故将罪犯梁某某拟提请减刑幅度从监区呈报意见 7 个月变更为 4 个月，将罪犯冯某某拟提请减刑幅度从监区呈报意见 4 个月变更为 1 个月，将罪犯陈某某拟提请减刑幅度从监区呈报意见 6 个月变更为 4 个月。

检察机关监督情况

（一）线索发现

2019 年 5 月 9 日，柳城监狱将《关于对 2019 年第二季度余某某等 266 名罪犯提请减刑（假释）征求意见函》《柳城监狱评审委员会减刑（假释）评审名册》及相关案件材料移送广西柳州市露塘地区人民检察院。露塘地区人民检察院在对罪犯梁某某、冯某某、陈某某相关案件材料及柳城监狱意见进行审查中发现，柳城监狱以罪犯梁某某、冯某某、陈某某减刑后实际执行刑期未达原判刑期的 1/2 为由将监区呈报的减刑幅度分别予以缩短的意见可能不当。

(二) 调查核实

为查明罪犯梁某某、冯某某、陈某某减刑后实际执行刑期是否达到原判刑期的 1/2,露塘地区人民检察院开展了如下工作:一是调取了终审法院的裁判文书、执行通知书、罪犯入监登记表、罪犯确有悔改表现等书面材料。二是与柳城监狱就"实际执行的刑期不能少于原判刑期的二分之一"中实际执行的刑期如何起算的问题进行沟通。柳城监狱认为,《中华人民共和国刑法》第 78 条的规定减刑后的"实际执行的刑期不能少于原判刑期的二分之一",实际执行刑期应自"判决执行之日"起计算;根据《最高人民法院关于办理减刑、假释案件具体应用法律的规定》第 40 条的规定,"判决执行之日"是指罪犯实际送交刑罚执行机关之日,该日期以监狱《罪犯入监登记表》记载的入监日期为准。三是与柳州市中级人民法院沟通。柳州市中级人民法院表示,"实际执行的刑期不能少于原判刑期的二分之一"中实际执行的刑期应包括判决执行以前先行羁押的时间。

(三) 监督意见

露塘地区人民检察院认为,《中华人民共和国刑法》第 47 条规定,有期徒刑的刑期,从判决执行之日起计算;判决执行以前先行羁押的,羁押一日折抵刑期一日。第 78 条规定,有期徒刑罪犯减刑以后实际执行的刑期不能少于原判刑期的 1/2。根据上述相关法律的规定,为维护罪犯的合法权益,梁某某等 3 名罪犯的"实际执行刑期"应当包含执行前羁押的期限。综合考虑 3 名罪犯犯罪的性质、具体情节、服刑期间表现、原判刑罚等因素，2019年5月10日，露塘地区人民检察院向柳城监狱发出《减刑假释提请活动检察意见书》，建议将罪犯梁某某提请减刑幅度变更为6个月，将罪犯冯某某提请减刑幅度变更为3个月，将罪犯陈某某提请减刑幅度变更为6个月。

（四）监督结果

2019年5月24日，柳城监狱召开监狱长办公会，采纳检察院意见，同日柳城监狱向柳州市中级人民法院送达《提请减刑建议书》，建议对罪犯梁某某减刑6个月，对罪犯冯某某减刑3个月，对罪犯陈某某减刑6个月。2019年6月27日，柳州市中级人民法院裁定对罪犯梁某某减去有期徒刑6个月，对罪犯冯某某减去有期徒刑3个月，对罪犯陈某某减去有期徒刑5个月。

典型意义

1. 刑罚执行机关提请减刑建议适用法律错误侵害服刑人员合法权益的，人民检察院应当依法监督纠正。监督维护在押人员合法权益，保障罪犯依法获得减刑假释的权利，维护刑罚执行的公正，促进教育改造效能提升为社会输出合格司法产品，是检察机关落实国家总体安全观、更好维护大局稳定的实际举措。有期徒刑实际执行刑期的计算问题是全区长期存在的普遍性突出问题，人民检察院在办理减刑、假释案件过程中，发现刑罚执行机关适用法律错误的，应当依法予以监督纠正。

2. 办理减刑案件时，应当主动加强与人民法院、监狱的沟通协调，争取支持配合，形成工作合力。在办理该案中，检察机关从依法保障在押人员合法权益、促进罪犯教育改造出发，主动加强与人民法院、监狱的沟通协调，争取支持配合，形成工作合力。检察机关依法建议加大对3名罪犯的减刑幅度,并获得监狱和法院的采纳,在开展"监督维护在押人员合法权益专项活动"中取得了实实在在的成效,实现了办案的政治效果、法律效果、社会效果的有机统一。

相关规定

1.《中华人民共和国刑法》第四十七条

有期徒刑的刑期,从判决执行之日起计算;判决执行以前先行羁押的,羁押一日折抵刑期一日。

2.《中华人民共和国刑法》第七十八条

被判处管制、拘役、有期徒刑、无期徒刑的犯罪分子,在执行期间,如果认真遵守监规,接受教育改造,确有悔改表现的,或者有立功表现的,可以减刑;有下列重大立功表现之一的,应当减刑:

(一)阻止他人重大犯罪活动的;

(二)检举监狱内外重大犯罪活动,经查证属实的;

(三)有发明创造或者重大技术革新的;

(四)在日常生产、生活中舍己救人的;

(五)在抗御自然灾害或者排除重大事故中,有突出表现的;

(六)对国家和社会有其他重大贡献的。

减刑以后实际执行的刑期不能少于下列期限:

(一)判处管制、拘役、有期徒刑的,不能少于原判刑期的二分之一;

(二)判处无期徒刑的,不能少于十三年;

(三)人民法院依照本法第五十条第二款规定限制减刑的死

刑缓期执行的犯罪分子，缓期执行期满后依法减为无期徒刑的，不能少于二十五年，缓期执行期满后依法减为二十五年有期徒刑的，不能少于二十年。

3.《最高人民法院关于办理减刑、假释案件具体应用法律的规定》第四十条

本规定所称"判决执行之日"，是指罪犯实际送交刑罚执行机关之日。

本规定所称"减刑间隔时间"，是指前一次减刑裁定送达之日起至本次减刑报请之日止的期间。

海南省人民检察院对监狱提请
罪犯姚某减刑不当监督案

——精准监督计分考核确保执行公示

关键词

特岗罪犯　计分考核　调查核实　精准监督

要旨

特定岗位罪犯在监狱内的主要任务是协助民警维护好罪犯学习、生活和生产秩序，因该岗位罪犯无劳动定额，量化考核弹性大，决定其在计分考核上比普通罪犯具有优势。因此，检察机关加强对特岗犯的计分考核、选用和管理工作的监督，有利于促进监狱计分考核工作的公平公正，规范狱政管理，罪犯改造质量将会得到进一步保证，有助提升执法公信力。

基本案情

罪犯姚某，男，汉族，1962年10月24日出生。海南省三亚市中级人民法院于2015年3月9日作出（2014）三亚刑初字第26号刑事判决，以被告人姚某犯受贿罪，判处有期徒刑10

年。有期徒刑自 2014 年 3 月 6 日起至 2024 年 3 月 5 日止。罪犯姚某于 2015 年 4 月 8 日入监服刑。服刑期间，海南省第一中级人民法院于 2017 年 9 月 27 日作出（2017）琼 96 刑更 963 号刑事裁定，对罪犯姚某减去有期徒刑 8 个月，减刑后刑期执行至 2023 年 7 月 5 日止。2019 年 9 月 17 日海南省新康监狱将对罪犯姚某提请减刑建议书副本抄送海南省人民检察院。该监狱认为，罪犯姚某考核期内获得 6 个表扬，认罪服法，确有悔改表现，符合减刑条件，建议对该犯提请减去有期徒刑 8 个月。

检察机关监督情况

（一）线索发现

海南省人民检察院在对新康监狱提请罪犯姚某减刑一案审查中发现，罪犯姚某系职务犯罪罪犯，属"三类罪犯"，监狱将其作为特岗犯使用，案卷材料中缺少监区讨论记录、审批表等证据。因此，认为该犯获得的积分和据此认定的表扬数可能存在不当。

（二）调查核实

针对罪犯姚某减刑案审查中发现的疑点问题，承办检察官深入监狱调查，通过调阅会议讨论记录、特岗犯审批表、询问相关人员等方式，核查相关证据、核对计分考核结果、查找问题产生的原因：一是核查特岗犯选任是否符合条件。发现罪犯姚某原判 10 年以上，但在监狱服刑未满 1 年的情况下就被选任为特岗犯的违规事实，且被鉴定为病犯后仍违规作为特岗犯使用的问题。二是核查特岗犯选任是否符合程序。发现在本次减刑考核期内罪犯姚某作为医务护理员、心理互助员、特岗信息员使用、审核、审批、公示材料均不齐备，存在违规选任的问题。三是核对计分考核结果是否真实准确。经审核认定，新康监狱在提请减刑建议中确认罪犯姚某在有效考核期内考核总分为 3666 分，折合 6 个表扬。其中，其违规作为特岗犯使用的得分共计 255 分，应予以扣减，实际得分应为 3411 分，折合 5 个表扬。四是查找违规选任特岗犯的原因。发现新康监狱作为海南省监狱系统集中收押、医治病犯为主的专门监狱，病犯多，特岗犯需求量大，但正常犯少，选择余地小，对特岗犯的选用普遍采取变通性做法，导致不严格按照规定依法选用特岗犯。

（三）监督意见

1. 建议法院对减刑幅度予以调整。2019 年 10 月 1 日，海南省人民检察院向法院制发了《减刑建议检察意见书》，认为罪犯姚某在服刑期间，确有悔改表现，但新康监狱认定罪犯姚某在本次考核期内获得 6 个表扬、提请减去有期徒刑 8 个月的建议不当，经核算其获得表扬实为 5 个，建议法院对减刑幅度予以调整，减去其有期徒刑 7 个月。

2. 建议监狱对存在的普遍性违法问题进行整改。2019 年 12 月 6 日，海南省人民检察院向新康监狱发出检察建议，要求监狱采取措施逐步改善病犯和正常犯的结构，规范特岗犯的选任和管理。

（四）监督效果

1. 2019 年 10 月 29 日，海南省第一中级人民法院公开开庭审理罪犯姚某减刑一案，海南省人民检察院派员依法履行监督职责。同年 11 月 5 日法院作出刑事裁定，认定罪犯姚某在考核期内获得 6 个表扬不当,采纳了检察机关的减刑建议,裁定对罪犯姚某减刑有期徒刑 7 个月。

2. 2019 年 12 月 19 日,新康监狱就检察建议的整改落实情况函复海南省人民检察院。监狱在整改中优化了病犯和正常犯的人员结构,增加了特岗犯备用人选,严厉惩处违规行为,进一步规范了特岗犯的选用、管理和教育。

典型意义

1. 人民检察院对执行机关提请减刑、假释罪犯考核计分有疑点的应当调查核实。《人民检察院办理减刑、假释案件规定》第 6 条规定,对拟提请减刑、假释罪犯的考核计分高、专项奖励多或者鉴定材料、奖惩记录有疑点等情形的,人民检察院应当进行调查核实。但实践中,重书面审查、轻实地调查的状况依然不同程度存在。由于执行机关提请减刑、假释的案件,除死缓、无期徒刑罪犯随报随办外,一般分批集中移送检察机关审查。因案件多时间紧,承办检察官在有限的办案时间内难于开展调查,因此大都采用书面审查的方式进行。单一的书面审查方式不利于及时发现、纠正错误和客观公正地评判证据、准确把握案件事实。实践证明,采取书面审查与实地调查相结合的方式可以有效地弥补其中的缺陷。书面审查主要对案卷中原始资料进行审查,重点对罪犯奖扣分、认罪悔罪、前科劣迹、风险评估、审批程序等方面进行审查,发现考核计分有瑕疵、疑点或者对证据材料真实性存疑的,应调查核实,核对证据,查明客观事实,确保案件公平公正。

2. 人民检察院应严格审查"三类罪犯"的计分考核项目。

中央政法委员会《关于严格规范减刑、假释、暂予监外执行切实防止司法腐败的意见》中指出，对"三类罪犯"要从严把握减刑、假释、暂予监外执行的实体条件，完善程序规定，强化各个环节的责任。在办理"三类罪犯"减刑、假释案件中，要加大监督力度，认真审核其有效考核期内的奖扣分项目、幅度和依据等内容，尤其对特岗犯要严格审查其选任条件和审批程序，切实防止特岗犯被违规使用而获得加分。

3. 人民检察院在办理减刑、假释案件中应注重发现并纠正监狱存在的普遍性、倾向性违法问题。监督目的在于发现问题、纠正违法、堵塞漏洞、规范管理。在办理减刑、假释案件中应当克服"就案办案""机械办案"倾向，牢固树立"双赢、多赢、共赢"的理念，在监督纠正不当减刑、假释的同时，要善于分析思考，聚焦制度不落实和监管不到位等突出问题，以审查发现的疑点作为切入点，通过深入调查，严格按照法定程序收集、固定证据，从中发现监狱管理中存在的普遍性、倾向性违法问题，依法发出检察建议督促整改，提升监督的针对性和时效性，实现办案法律效果和社会效果的有机统一。

相关规定

1. 《中华人民共和国刑法》第七十八条

被判处管制、拘役、有期徒刑、无期徒刑的犯罪分子，在执行期间，如果认真遵守监规，接受教育改造，确有悔改表现的，或者有立功表现的，可以减刑；有下列重大立功表现之一的，应当减刑：

（一）阻止他人重大犯罪活动的；

（二）检举监狱内外重大犯罪活动，经查证属实的；

（三）有发明创造或者重大技术革新的；

（四）在日常生产、生活中舍己救人的；

（五）在抗御自然灾害或者排除重大事故中，有突出表现的；

（六）对国家和社会有其他重大贡献的。

减刑以后实际执行的刑期不能少于下列期限：

（一）判处管制、拘役、有期徒刑的，不能少于原判刑期的二分之一；

（二）判处无期徒刑的，不能少于十三年；

（三）人民法院依照本法第五十条第二款规定限制减刑的死刑缓期执行的犯罪分子，缓期执行期满后依法减为无期徒刑的，不能少于二十五年，缓期执行期满后依法减为二十五年有期徒刑的，不能少于二十年。

2.《中华人民共和国刑事诉讼法》第二百七十三条

罪犯在服刑期间又犯罪的，或者发现了判决的时候所没有发现的罪行，由执行机关移送人民检察院处理。

被判处管制、拘役、有期徒刑或者无期徒刑的罪犯，在执行期间确有悔改或者立功表现，应当依法予以减刑、假释的时候，由执行机关提出建议书，报请人民法院审核裁定，并将建议书副本抄送人民检察院。人民检察院可以向人民法院提出书面意见。

3.《最高人民法院关于办理减刑、假释案件具体应用法律的规定》第六条

被判处有期徒刑的罪犯减刑起始时间为：不满五年有期徒刑的，应当执行一年以上方可减刑；五年以上不满十年有期徒刑的，应当执行一年六个月以上方可减刑；十年以上有期徒刑的，应当执行二年以上方可减刑。有期徒刑减刑的起始时间自判决执

行之日起计算。

确有悔改表现或者有立功表现的，一次减刑不超过九个月有期徒刑；确有悔改表现并有立功表现的，一次减刑不超过一年有期徒刑；有重大立功表现的，一次减刑不超过一年六个月有期徒刑；确有悔改表现并有重大立功表现的，一次减刑不超过二年有期徒刑。

被判处不满十年有期徒刑的罪犯，两次减刑间隔时间不得少于一年；被判处十年以上有期徒刑的罪犯，两次减刑间隔时间不得少于一年六个月。减刑间隔时间不得低于上次减刑减去的刑期。

罪犯有重大立功表现的，可以不受上述减刑起始时间和间隔时间的限制。

4.《人民检察院办理减刑、假释案件规定》第六条

具有下列情形之一的，人民检察院应当进行调查核实：

（一）拟提请减刑、假释罪犯系职务犯罪罪犯，破坏金融管理秩序和金融诈骗犯罪罪犯，黑社会性质组织犯罪罪犯，严重暴力恐怖犯罪罪犯，或者其他在社会上有重大影响、社会关注度高的罪犯；

（二）因罪犯有立功表现或者重大立功表现拟提请减刑的；

（三）拟提请减刑、假释罪犯的减刑幅度大、假释考验期长、起始时间早、间隔时间短或者实际执行刑期短的；

（四）拟提请减刑、假释罪犯的考核计分高、专项奖励多或者鉴定材料、奖惩记录有疑点的；

（五）收到控告、举报的；

（六）其他应当进行调查核实的。

5.《人民检察院办理减刑、假释案件规定》第十条

人民检察院收到执行机关抄送的减刑、假释建议书副本后，

应当逐案进行审查，可以向人民法院提出书面意见。发现减刑、假释建议不当或者提请减刑、假释违反法定程序的，应当在收到建议书副本后十日以内，依法向审理减刑、假释案件的人民法院提出书面意见，同时将检察意见书副本抄送执行机关。案情复杂或者情况特殊的，可以延长十日。

6.《人民检察院检察建议工作规定》第九条

人民检察院在履行对诉讼活动的法律监督职责中发现有关执法、司法机关具有下列情形之一的，可以向有关执法、司法机关提出纠正违法检察建议：

（一）人民法院审判人员在民事、行政审判活动中存在违法行为的；

（二）人民法院在执行生效民事、行政判决、裁定、决定或者调解书、支付令、仲裁裁决书、公证债权文书等法律文书过程中存在违法执行、不执行、怠于执行等行为，或者有其他重大隐患的；

（三）人民检察院办理行政诉讼监督案件或者执行监督案件，发现行政机关有违反法律规定、可能影响人民法院公正审理和执行的行为的；

（四）公安机关、人民法院、监狱、社区矫正机构、强制医疗执行机构等在刑事诉讼活动中或者执行人民法院生效刑事判决、裁定、决定等法律文书过程中存在普遍性、倾向性违法问题，或者有其他重大隐患，需要引起重视予以解决的；

（五）诉讼活动中其他需要以检察建议形式纠正违法的情形。

重庆市人民检察院第二分院对人民法院对罪犯邢某某不予减刑裁定监督案

——注重运用调查核实手段充分维护罪犯合法权益

关键词

财产性判项执行　调查核实　同步监督

要旨

对职务犯罪、破坏金融管理秩序和金融诈骗犯罪、组织（领导、参加、包庇、纵容）黑社会性质组织犯罪等罪犯，不积极退赃、协助追缴赃款赃物、赔偿损失，或者服刑期间利用个人影响力和社会关系等不正当手段意图获得减刑、假释的，不认定其"确有悔改表现"。财产性判项的执行监督是一个动态的过程，贯穿于刑事诉讼监督全过程，财产性判项是否得以执行关乎生效判决是否有效执行，也关乎刑罚变更特别是减刑案件中是否"确有悔改表现"的准确认定。

基本案情

罪犯邢某某，男，1992年8月10日出生，初中文化。因犯信用卡诈骗罪，于 2015 年 9 月 25 日被重庆市忠县人民法院判处有期徒刑 5 年，并处罚金人民币 5 万元，责令退赔 100493 元；于 2015 年 10 月 20 日被交付重庆市三峡监狱执行。

2019 年 1 月 9 日，重庆市三峡监狱以罪犯邢某某在改造中确有悔改表现，符合减刑条件为由，向重庆市第二中级人民法院提请减刑 9 个月。2019 年 1 月 30 日，重庆市第二中级人民法院经开庭审理后，认为邢某某系破坏金融管理秩序罪犯，不积极退赃，不具有悔改表现，依据《最高人民法院关于办理减刑、假释案件具体应用法律的规定》（法释〔2016〕23 号）第 2 条、第 3 条第 2 款之规定，以（2019）渝 02 刑更 144 号刑事裁定书对其裁定不予减刑。

检察机关监督情况

（一）线索发现

2019 年 1 月 29 日，重庆市人民检察院第二分院承办检察官在出席罪犯邢某某减刑案庭审时，邢某某当庭向法庭提供了可供执行的财产线索，并明确表示愿意协助追缴赃款赃物，赔偿被害人损失。但重庆市第二中级人民法院在减刑裁定前未对该线索进行调查核实，亦未委托其他单位调查核实。

（二）调查核实

为确认邢某某是否确有可供执行的财产，2019 年 3 月 1 日，重庆市人民检察院第二分院派员到中国工商银行万州太白支行调查核实，查明邢某某在该行银行账户确有资金 90370 元。因财产性判项执行由第一审人民法院或者第一审人民法院同级的被执行的财产所在地人民法院执行,同日,重庆市人民检察院第二分院将线索交由重庆市忠县人民检察院办理,后忠县人民检察院监督忠县人民法院执行了邢某某案的财产性判项。2019年5月7日,重庆市忠县人民检察院将邢某某案财产性判项已执行完毕情况向重庆市人民检察院第二分院反馈。

（三）监督意见

重庆市人民检察院第二分院经审查后认为,罪犯邢某某在减刑案当庭提供财产刑执行线索,积极主动退赃、协助追缴赃款赃物、赔偿损失,符合《中华人民共和国刑事诉讼法》第8条、第274条,《最高人民法院关于办理减刑、假释案件具体应用法律的规定》（法释〔2016〕23号）第7条第1款之规定,重庆市第二中级人民法院裁定不予减刑理由不成立。2019年5月14日,重庆市人民检察院第二分院向重庆市第二中级人民法院发出《纠正不当减刑裁定意见书》,要求该院予以纠正。

（四）监督结果

2019年5月29日,重庆市第二中级人民法院重新组成合议庭开庭审理邢某某减刑案,当庭全部采信了检察机关提供的证据和检察意见。2019年6月17日,重庆市第二中级人民法院作出（2019）渝02刑更监1号刑事裁定书,撤销（2019）渝02刑更144号刑事裁定书,对罪犯邢某某裁定减刑7个月。

典型意义

1. 开展减刑监督案件时,应当建立常态化、全流程动态监督。刑罚变更执行检察是人民检察院按照法定职权,对"减假暂"案件从执行机关拟报、呈报到人民法院依法裁定的全流程监督过程，亦是一个实现不同程序、步骤环环相扣、层层推进的动态监督过程。本案成功纠正人民法院减刑裁定不当，正是基于承办检察官在办理减刑监督过程中，时刻保持对案件事实和证据情况的全流程动态监督意识，对可能存在影响案件质量的任何线索坚持一个不放过，确保每一起案件得到公平公正的审判。

2. 开展财产性判项监督时，应当建立上下级检察机关的联动监督机制。财产性判项执行检察作为执检工作的一项重要职能，需要不断创新监督方法和手段，整合上下级执检部门的监督资源，在案件信息来源、调查取证、交办处理等方面形成有力协作配合，将财产性判项执行监督与"减假暂"案监督结合，实现执检多项工作的共同推进。本案不仅成功纠正基层人民法院的财产刑执行不当行为，还成功纠正了中级人民法院减刑裁定不当，体现了检察机关的一体化办案思维，促进了监督工作的协调科学发展。

3. 办理执检案件过程中，应当规范监督手段，提升监督刚性。执检工作更加规范，监督意见才能得到被监督单位的认可和支持，执检工作才能做到刚性、做足刚性。本案中，执检干警在收到财产刑执行线索后，主动调查核实，收集固定相关证据，确保检察机关意见具有强有力的说服力，为督促人民法院及时执行罪犯财产提供了便利，也最大限度得到人民法院的支持。检察机关只有不断强化规范意识和程序意识，执检工作的办案属性才能得以最大化体现，检察意见的刚性才能得到最大化显现。

相关规定

1. 《中华人民共和国刑事诉讼法》第八条

人民检察院依法对刑事诉讼实行法律监督。

2. 《中华人民共和国刑事诉讼法》第二百七十四条

人民检察院认为人民法院减刑、假释的裁定不当，应当在收到裁定书副本后二十日以内，向人民法院提出书面纠正意见。人民法院应当在收到纠正意见后一个月以内重新组成合议庭进行审理，作出最终裁定。

3. 《最高人民法院关于办理减刑、假释案件具体应用法律的规定》第二条

对于罪犯符合刑法第七十八条第一款规定"可以减刑"条件的案件，在办理时应当综合考察罪犯犯罪的性质和具体情节、社会危害程度、原判刑罚及生效裁判中财产性判项的履行情况、交付执行后的一贯表现等因素。

4. 《最高人民法院关于办理减刑、假释案件具体应用法律的规定》第三条第二款

对职务犯罪、破坏金融管理秩序和金融诈骗犯罪、组织（领导、参加、包庇、纵容）黑社会性质组织犯罪等罪犯，不积极退赃、协助追缴赃款赃物、赔偿损失，或者服刑期间利用个人影响力和社会关系等不正当手段意图获得减刑、假释的，不认定其"确有悔改表现"。

5. 《最高人民法院关于办理减刑、假释案件具体应用法律的规定》第七条第一款

对符合减刑条件的职务犯罪罪犯，破坏金融管理秩序和金融诈骗犯罪罪犯，组织、领导、参加、包庇、纵容黑社会性质组织

犯罪罪犯，危害国家安全犯罪罪犯，恐怖活动犯罪罪犯，毒品犯罪集团的首要分子及毒品再犯，累犯，确有履行能力而不履行或者不全部履行生效裁判中财产性判项的罪犯，被判处十年以下有期徒刑的，执行二年以上方可减刑，减刑幅度应当比照本规定第六条从严掌握，一次减刑不超过一年有期徒刑，两次减刑之间应当间隔一年以上。

宁夏石嘴山市红果子地区人民检察院对监狱提请罪犯陆某某减刑不当监督案

——从严把握"三类罪犯"减刑条件依法监督纠正违规报请减刑

关键词

金融诈骗罪犯　财产性判项　消费较高　不予减刑

要旨

金融诈骗罪犯赃款未退,未履行财产性判项。监狱提请减刑,检察机关严格审查,对罪犯在监狱内的消费情况认真核实,认为在考核期内消费较高,属于确有履行财产性判项能力而不履行或者不全部履行的情形,建议不予减刑,人民法院予以采纳。检察机关充分发挥刑事执行检察职能作用,严格监督"三类罪犯"的刑罚变更执行活动,切实维护刑罚变更执行公平公正。

基本案情

罪犯陆某某,男,1973年1月5日出生,汉族,原户籍所在地宁夏中宁县宁安镇。因犯合同诈骗罪、骗取贷款罪经宁夏回族自治区中宁县人民法院于 2009 年 7 月 7 日作出的（2009）宁刑初字第 100 号刑事判决书，判处有期徒刑 14 年，并处罚金人民币 3 万元。于 2010 年 1 月 15 日送监狱服刑改造。

检察机关监督情况

（一）线索来源

2019 年 4 月，宁夏回族自治区石嘴山市红果子地区人民检察院在审查宁夏回族自治区石嘴山监狱抄送的罪犯陆某某《提请减刑建议书》及案件材料过程中，发现陆某某没有履行财产性判项，且在狱内消费较高，宁夏回族自治区石嘴山监狱对罪犯陆某某提请减刑可能存在不当。

（二）调查核实

宁夏回族自治区石嘴山监狱认为，罪犯陆某某能认罪悔罪，认真遵守法律法规及监规，接受教育改造，积极参加思想、文化、职业技术教育，积极参加劳动，表现突出。2017 年 1 月起至 2018 年 12 月止累计获得 4 个表扬，认定罪犯陆某某服刑期间确有悔改表现，建议减去有期徒刑 4 个月 20 天。

为进一步查明该罪犯是否符合减刑条件，宁夏回族自治区石嘴山市红果子地区人民检察院查阅刑事判决书、裁定书等案件材料，调取罪犯陆某某 2017 年至 2018 年期间狱内消费账单，进行了深入细致的核查。

经审查认为，罪犯陆某某骗取银行贷款 93 万元，未主动退赔退赃，未积极缴纳罚金 3 万元，2017 年至 2018 年狱内消费 6000 多元，存在超标准消费情况。根据《最高人民法院关于办理减刑、假释案件具体应用法律的规定》第 2 条 "对于罪犯符合刑法第七十八条第一款规定'可以减刑'条件的案件，在办理时应当综合考察罪犯犯罪的性质和具体情节、社会危害程度、原判刑罚及生效裁判中财产性判项的履行情况、交付执行后的一贯表现等因素"、第 3 条 "对职务犯罪、破坏金融管理秩序和金融诈骗犯罪、组织（领导、参加、包庇、纵容）黑社会性质组织犯罪等罪犯，不积极退赃、协助追缴赃款赃物、赔偿损失，或者服刑期间利用个人影响力和社会关系等不正当手段意图获得减刑、假释的，不认定其'确有悔改表现'"之规定，综合考察罪犯陆某某的犯罪性质、情节、社会危害程度、原判刑罚及生效裁判中财产性判项履行情况、交付执行后的一贯表现等因素，认为该犯确有履行部分财产刑能力而不履行，没有积极消除犯罪行为所产生的社会影响，不能认定其"确有悔改表现"，不符合减刑条件。

（三）监督意见

根据《中华人民共和国刑事诉讼法》第 273 条第 2 款 "被判处管制、拘役、有期徒刑或者无期徒刑的罪犯，在执行期间确有悔改或者立功表现，应当依法予以减刑、假释的时候，由执行机关提出建议书，报请人民法院审核裁定，并将建议书副本抄送人民检察院。人民检察院可以向人民法院提出书面意见"之规定，2019 年 5 月 6 日，宁夏回族自治区石嘴山市红果子地区人民检察院以石红检驻狱减意（2019）117 号《减刑建议检察意见书》，建议宁夏回族自治区石嘴山市中级人民法院对罪犯陆某某裁定不予减刑。

2019 年 6 月 13 日，宁夏回族自治区石嘴山市中级人民法院开庭审理罪犯陆某某减刑一案，宁夏回族自治区石嘴山市红果子地区人民检察院派员出席法庭依法履行法律监督职责，出示了罪犯陆某某不积极退赃、不履行财产刑、狱内消费较高的证据，证明罪犯陆某某不具有确有悔改表现，不符合减刑条件的事实，当庭发表了不同意减刑的意见。

（四）监督结果

2019年7月9日，宁夏回族自治区石嘴山市中级人民法院作出（2019）宁02刑更327号刑事裁定，采纳检察机关意见，认为：罪犯陆某某在服刑期间虽能认真遵守监规，接受教育改造，但从犯罪情节、罚金刑执行及近两年狱内消费情况看，没有以实际行动消除犯罪行为所产生的社会影响，不能认定"确有悔改表现"，对罪犯陆某某不予减刑。

典型意义

1. 人民检察院在办理"三类罪犯"减刑案件时必须依法从严把握减刑条件。人民检察院在办理减刑、假释案件时，应准确把握法律法规、司法解释性文件，应当根据中政委（2014）5号文件和《最高人民法院关于办理减刑、假释案件具体应用法律的规定》第2条的规定，"对于罪犯符合刑法第七十八条第一款规定'可以减刑'条件的案件，在办理时应当综合考察犯罪的性质和具体情节、社会危害程度、原判刑罚及生效裁判中财产性判项的履行情况、交付执行后的一贯表现等因素。"对"三类罪犯"认定其"确有悔改表现"，不仅要考察其是否认罪悔罪，遵守法律法规及监规，接受教育改造，积极参加思想、文化、职业技术教育，积极参加劳动，努力完成劳动任务，而且还要看其是否积极退赃、协助追缴赃款赃物、赔偿损失等。

2. 对监狱提请罪犯减刑不当的,人民检察院应当予以监督纠正。减刑、假释是我国重要的刑罚执行制度,不符合法定条件和非经法定程序,不得减刑、假释。根据有关法律和司法解释的规定,造成财产损失不退赔,财产性判项不履行的,人民检察院应当全面审查,对其在监狱内的消费情况进行核查,如消费较高,可认定为属于确有财产性判项履行能力而不履行或者不全部履行的情形,没有以实际行动消除犯罪行为所产生的社会影响,不能认定"确有悔改表现",应当依法提出纠正意见,并通过法庭调查,查明事实,阐明监督理由、依据和意见,综合认定,建议法院裁定不予减刑。

3. 充分发挥刑事执行职能作用,维护刑罚变更执行公平公正。要严格监督"三类罪犯"刑罚变更执行活动,有效督促"三类罪犯"积极退赃、赔偿损失、积极履行财产刑判项,让罪犯从思想上认识到犯罪行为带来的社会危害,真正认罪悔罪,达到"确有悔改表现"的减刑条件。此案的成功办理,切实维护了刑罚变更执行公平公正和法律、司法解释的统一正确实施,在监狱系统及服刑人员中引起强烈反响,对服刑人员起到了非常好的警示教育作用,取得了良好的法律效果和社会效果。有利于维护监管秩序和谐稳定,提高司法公信力,为今后开展同类减刑、假释案件的监督工作提供了有益借鉴。

相关规定

1.《中华人民共和国刑法》第七十八条

被判处管制、拘役、有期徒刑、无期徒刑的犯罪分子,在执行期间,如果认真遵守监规,接受教育改造,确有悔改表现的,或者有立功表现的，可以减刑；有下列重大立功表现之一的，应当减刑：

（一）阻止他人重大犯罪活动的；

（二）检举监狱内外重大犯罪活动，经查证属实的；

（三）有发明创造或者重大技术革新的；

（四）在日常生产、生活中舍己救人的；

（五）在抗御自然灾害或者排除重大事故中，有突出表现的；

（六）对国家和社会有其他重大贡献的。

减刑以后实际执行的刑期不能少于下列期限：

（一）判处管制、拘役、有期徒刑的，不能少于原判刑期的二分之一；

（二）判处无期徒刑的，不能少于十三年；

（三）人民法院依照本法第五十条第二款规定限制减刑的死刑缓期执行的犯罪分子，缓期执行期满后依法减为无期徒刑的，不能少于二十五年，缓期执行期满后依法减为二十五年有期徒刑的，不能少于二十年。

2.《中华人民共和国刑法》第七十九条

对于犯罪分子的减刑，由执行机关向中级以上人民法院提出减刑建议书。人民法院应当组成合议庭进行审理，对确有悔改或者立功事实的，裁定予以减刑。非经法定程序不得减刑。

3.《中华人民共和国刑事诉讼法》第二百七十三条

罪犯在服刑期间又犯罪的，或者发现了判决的时候所没有发现的罪行，由执行机关移送人民检察院处理。

被判处管制、拘役、有期徒刑或者无期徒刑的罪犯，在执行期间确有悔改或者立功表现，应当依法予以减刑、假释的时候，由执行机关提出建议书，报请人民法院审核裁定，并将建议书副本抄送人民检察院。人民检察院可以向人民法院提出书面意见。

4.《最高人民法院关于办理减刑、假释案件具体应用法律的规定》第二条

对于罪犯符合刑法第七十八条第一款规定"可以减刑"条件的案件，在办理时应当综合考察罪犯犯罪的性质和具体情节、社会危害程度、原判刑罚及生效裁判中财产性判项的履行情况、交付执行后的一贯表现等因素。

5.《最高人民法院关于办理减刑、假释案件具体应用法律的规定》第三条

"确有悔改表现"是指同时具备以下条件：

（一）认罪悔罪；

（二）遵守法律法规及监规，接受教育改造；

（三）积极参加思想、文化、职业技术教育；

（四）积极参加劳动，努力完成劳动任务。

对职务犯罪、破坏金融管理秩序和金融诈骗犯罪、组织（领导、参加、包庇、纵容）黑社会性质组织犯罪等罪犯，不积极退赃、协助追缴赃款赃物、赔偿损失，或者服刑期间利用个人影响力和社会关系等不正当手段意图获得减刑、假释的，不认定其"确有悔改表现"。

罪犯在刑罚执行期间的申诉权利应当依法保护，对其正当申诉不能不加分析地认为是不认罪悔罪。

新疆阿勒泰市人民检察院对罪犯吴某某暂予监外执行监督案

——关注暂予监外执行罪犯交付执行环节、紧盯违法违规背后职务犯罪线索

关键词

暂予监外执行监督　公安机关　未依法交付执行

要旨

人民检察院对暂予监外执行执法活动进行法律监督时，应当展开"一案双查"，重点审查司法工作人员是否存在违法违纪案件线索。对暂予监外执行的交付、监管、变更、终止进行同步监督，确保刑罚执行机关能够见人见档，避免因交付不当造成脱管、漏管。对发现的暂予监外执行执法活动违法的，人民检察院应当依法及时予以监督纠正。

基本案情

罪犯吴某某，男，1993年5月7日出生，本科文化程度，无业。2019年6月20日因开设赌场罪、寻衅滋事罪被阿勒泰市

人民法院数罪并罚，判处有期徒刑1年6个月，并处罚金人民币1万元。2019年7月2日判决生效后，罪犯吴某某被依法交付到阿勒泰市看守所执行刑罚。

2019年9月28日，阿勒泰市看守所提请阿勒泰市人民检察院对罪犯吴某某暂予监外执行一案进行审查。阿勒泰市人民检察院经审查发现，罪犯吴某某医学鉴定书诊断为免疫性肾病、过敏性紫癜、紫癜肾炎，符合《暂予监外执行规定》中"保外就医严重疾病范围"。2019年9月29日，阿勒泰地区公安局作出阿地公（2019）暂外字9号暂予监外执行决定书。

检察机关监督情况

（一）线索发现

2019年10月22日，阿勒泰市人民检察院在对全市监外执行人员进行专项检察中发现，已被阿勒泰地区公安局决定暂予监外执行罪犯吴某某没有被依法交付到阿勒泰市司法行政机关进行社区矫正。发现该线索后，阿勒泰市人民检察院及时形成书面材料，向上级检察机关作了汇报。

（二）调查核实

为尽快查找到罪犯吴某某的行踪以及是否存在司法工作人员职务犯罪线索，阿勒泰市人民检察院刑事执行检察部门干警立即展开调查，调取了罪犯吴某某在阿勒泰市看守所羁押期间的原始档案材料、阿勒泰市司法行政机关出具的罪犯吴某某没有向阿勒泰市司法行政机关报到的证明材料，实地走访了阿勒泰市看守所、阿勒泰市司法行政机关、阿勒泰地区人民医院、罪犯户籍地街道社区及其相关办案人员，了解罪犯吴某某出所、法律文书送达、人员交接、罪犯治疗等情况，并及时固定了阿勒泰市看守所没有交付暂予监外执行罪犯相关违法事实证据。经调查核实，罪犯吴某某居住在新疆乌鲁木齐市，阿勒泰市人民检察院建议阿勒泰市公安局立即将罪犯吴某某押解回阿勒泰市。阿勒泰市公安局采纳建议，派出干警赶赴乌鲁木齐市，于2019年10月26日将罪犯安全押解回阿勒泰市。在检察机关办案人员现场检察监督下，阿勒泰市看守所与阿勒泰市司法行政机关办理了社区服刑人员及法律文书的交接手续。

（三）监督意见

阿勒泰市人民检察院审查认为，通过对该案件的调查，暂时未发现相关司法工作人员职务犯罪案件线索，但阿勒泰市看守所民警未依法履职，未严格依照法律规定，将罪犯吴某某暂予监外执行的相关法律文书向阿勒泰市司法行政机关进行告知、送达，也未将罪犯吴某某押解交付到阿勒泰市司法行政机关进行社区矫正，导致该罪犯脱离监管26天，违反了《中华人民共和国刑事诉讼法》第269条，《社区矫正实施办法》第6条，《暂予监外执行规定》第15条、第16条之规定，应当依法提出纠正违法。2019年10月24日，阿勒泰市人民检察院依据《中华人民共和国刑事诉讼法》第276条、《社区矫正实施办法》第37条、《暂予监外执行规定》第29条之规定，依法向阿勒泰市公安局提出书面纠正违法意见。

（四）监督结果

2019年11月6日，阿勒泰市公安局采纳了检察机关的纠正意见，组织阿勒泰市看守所全体民警开展了规范执法专题教育和业务知识的学习，对涉案民警进行了通报，并要求公安法制部门、督察部门定期开展监管场所执法检查，及时发现纠正执法漏洞，确保执法办案规范化。在纠正暂予监外执行交付违法的基础上，阿勒泰市人民检察院积极建议阿勒泰市委政法委，由阿勒泰市人民检察院牵头，联合阿勒泰市公安、法院、司法局共同会签了《社区矫正人员衔接工作办法》，对社区矫正人员交付等环节衔接进行了规范和细化。

典型意义

1. 人民检察院对暂予监外执行交付活动进行法律监督时，可以同时开展"一案双查"工作。检察人员在办理暂予监外执行案件时，既要展开对已发现的违法事实的调查核实，也要对相关司法工作人员职务犯罪案件线索进行调查，通过调查核实的结果，分别采取纠正违法、检察建议或者立案侦查的方式进行处置。使相关办案单位由不愿意接受监督或被动接受监督，变为主动接受监督或邀请检察机关监督，不断提升检察监督的实效和权威。

2. 罪犯被批准暂予监外执行后，人民检察院需要及时跟踪开展同步监督。《中华人民共和国刑事诉讼法》第276条规定：人民检察院对执行机关执行刑罚的活动是否合法实行监督。如果发现有违法的情况，应当通知执行机关纠正。这是检察机关对暂予监外执行活动监督的法律依据。刑罚交付执行监督是刑事执行检察监督的内容之一，以监督刑罚执行权，保证刑事裁判的完整性、国家法律的权威性。在罪犯被交付至监狱或者看守所执行后，检察机关刑事执行检察部门应当充分利用刑事执行检察权对刑罚执行过程同步进行监督。如从交付执行机关的告知、法律文书送达以及与执行机关办理交接、刑罚执行、释放、解除、通报等全链条、全过程进行同步监督，检察机关对暂予监外执行同步监督，有利于弥补事后监督的不足，提高监督的实效和力度。

3. 人民检察院定期向党委、人大及政法委报告工作，将监督意见转化为工作决策。尽管相关法律法规明确规定了检察机关对刑事执行活动进行监督的权力和职责，但在实践操作中仍存在诸多问题和困难。为有效解决这些问题和困难，人民检察院有必要定期向党委、人大、政府、提交检察专题调研报告，将监督意见转化为党委、政府工作决策，推动被监督机关及其执法人员改进在执法活动中存在的不规范问题，对执法活动违法问题在一定范围内进行通报，以引起有关单位的重视，达到"双赢多赢共赢"的监督效果。

相关规定

1. 《中华人民共和国刑事诉讼法》第二百六十九条

对被判处管制、宣告缓刑、假释或者暂予监外执行的罪犯，依法实行社区矫正，由社区矫正机构负责执行。

2. 《中华人民共和国刑事诉讼法》第二百七十六条

人民检察院对执行机关执行刑罚的活动是否合法实行监督。如果发现有违法的情况，应当通知执行机关纠正。

3. 最高人民法院、最高人民检察院、公安部、司法部《社区矫正实施办法》第六条

社区矫正人员应当自人民法院判决、裁定生效之日或者离开监所之日起十日内到居住地县级司法行政机关报到。县级司

法行政机关应当及时为其办理登记接收手续，并告知其三日内到指定的司法所接受社区矫正。发现社区矫正人员未按规定时间报到的，县级司法行政机关应当及时组织查找，并通报决定机关。

暂予监外执行的社区矫正人员，由交付执行的监狱、看守所将其押送至居住地，与县级司法行政机关办理交接手续。罪犯服刑地与居住地不在同一省、自治区、直辖市，需要回居住地暂予监外执行的，服刑地的省级监狱管理机关、公安机关监所管理部门应当书面通知罪犯居住地的同级监狱管理机关、公安机关监所管理部门，指定一所监狱、看守所接收罪犯档案，负责办理罪犯收监、释放等手续。人民法院决定暂予监外执行的，应当通知其居住地县级司法行政机关派员到庭办理交接手续。

4. 最高人民法院、最高人民检察院、公安部、司法部《社区矫正实施办法》第三十七条

人民检察院发现社区矫正执法活动违反法律和本办法规定的，可以区别情况提出口头纠正意见、制发纠正违法通知书或者检察建议书。交付执行机关和执行机关应当及时纠正、整改，并将有关情况告知人民检察院。

5. 最高人民法院、最高人民检察院、公安部、司法部、国家卫生计生委《暂予监外执行规定》第十五条

监狱、看守所应当向罪犯发放暂予监外执行决定书，及时为罪犯办理出监、出所相关手续。

在罪犯离开监狱、看守所之前，监狱、看守所应当核实其居住地，书面通知其居住地社区矫正机构，并对其进行出监、出所教育，书面告知其在暂予监外执行期间应当遵守的法律和有关监督管理规定。罪犯应当在告知书上签名。

6. 最高人民法院、最高人民检察院、公安部、司法部、国家卫生计生委《暂予监外执行规定》第十六条

监狱、看守所应当派员持暂予监外执行决定书及有关文书材料，将罪犯押送至居住地，与社区矫正机构办理交接手续。监狱、看守所应当及时将罪犯交接情况通报人民检察院。

7. 最高人民法院、最高人民检察院、公安部、司法部、国家卫生计生委《暂予监外执行规定》第二十九条

人民检察院发现暂予监外执行的决定或者批准机关、监狱、看守所、社区矫正机构有违法情形的，应当依法提出纠正意见。

附录

刑事执行检察主要法律文件规范

一、中华人民共和国刑事诉讼法（节录）

（1979年7月1日第五届全国人民代表大会第二次会议通过 根据1996年3月17日第八届全国人民代表大会第四次会议《关于修改〈中华人民共和国刑事诉讼法〉的决定》第一次修正 根据2012年3月14日第十一届全国人民代表大会第五次会议《关于修改〈中华人民共和国刑事诉讼法〉的决定》第二次修正 根据2018年10月26日第十三届全国人民代表大会常务委员会第六次会议《关于修改〈中华人民共和国刑事诉讼法〉的决定》第三次修正）

第四编 执 行

第二百五十九条 判决和裁定在发生法律效力后执行。

下列判决和裁定是发生法律效力的判决和裁定：

（一）已过法定期限没有上诉、抗诉的判决和裁定；

（二）终审的判决和裁定；

（三）最高人民法院核准的死刑的判决和高级人民法院核准的死刑缓期二年执行的判决。

第二百六十条 第一审人民法院判决被告人无罪、免除刑事处罚的，如果被告人在押，在宣判后应当立即释放。

第二百六十一条 最高人民法院判处和核准的死刑立即执行的判决，应当由最高人民法院院长签发执行死刑的命令。

被判处死刑缓期二年执行的罪犯,在死刑缓期执行期间,如果没有故意犯罪,死刑缓期执行期满,应当予以减刑的,由执行机关提出书面意见,报请高级人民法院裁定;如果故意犯罪,情节恶劣,查证属实,应当执行死刑的,由高级人民法院报请最高人民法院核准;对于故意犯罪未执行死刑的,死刑缓期执行的期间重新计算,并报最高人民法院备案。

第二百六十二条 下级人民法院接到最高人民法院执行死刑的命令后,应当在七日以内交付执行。但是发现有下列情形之一的,应当停止执行,并且立即报告最高人民法院,由最高人民法院作出裁定:

(一)在执行前发现判决可能有错误的;

(二)在执行前罪犯揭发重大犯罪事实或者有其他重大立功表现,可能需要改判的;

(三)罪犯正在怀孕。前款第一项、第二项停止执行的原因消失后,必须报请最高人民法院院长再签发执行死刑的命令才能执行;由于前款第三项原因停止执行的,应当报请最高人民法院依法改判。

第二百六十三条 人民法院在交付执行死刑前,应当通知同级人民检察院派员临场监督。

死刑采用枪决或者注射等方法执行。死刑可以在刑场或者指定的羁押场所内执行。

指挥执行的审判人员,对罪犯应当验明正身,讯问有无遗言、信札,然后交付执行人员执行死刑。在执行前,如果发现可能有错误,应当暂停执行,报请最高人民法院裁定。

执行死刑应当公布,不应示众。执行死刑后,在场书记员应当写成笔录。交付执行的人民法院应当将执行死刑情况报告最高人民法院。

执行死刑后，交付执行的人民法院应当通知罪犯家属。

第二百六十四条 罪犯被交付执行刑罚的时候，应当由交付执行的人民法院在判决生效后十日以内将有关的法律文书送达公安机关、监狱或者其他执行机关。对被判处死刑缓期二年执行、无期徒刑、有期徒刑的罪犯，由公安机关依法将该罪犯送交监狱执行刑罚。

对被判处有期徒刑的罪犯，在被交付执行刑罚前，剩余刑期在三个月以下的，由看守所代为执行。对被判处拘役的罪犯，由公安机关执行。

对未成年犯应当在未成年犯管教所执行刑罚。执行机关应当将罪犯及时收押，并且通知罪犯家属。

判处有期徒刑、拘役的罪犯，执行期满，应当由执行机关发给释放证明书。

第二百六十五条 对被判处有期徒刑或者拘役的罪犯，有下列情形之一的，可以暂予监外执行：

（一）有严重疾病需要保外就医的；

（二）怀孕或者正在哺乳自己婴儿的妇女；

（三）生活不能自理，适用暂予监外执行不致危害社会的。对被判处无期徒刑的罪犯，有前款第二项规定情形的，可以暂予监外执行。

对适用保外就医可能有社会危险性的罪犯，或者自伤自残的罪犯，不得保外就医。

对罪犯确有严重疾病，必须保外就医的，由省级人民政府指定的医院诊断并开具证明文件。

在交付执行前，暂予监外执行由交付执行的人民法院决定；

在交付执行后，暂予监外执行由监狱或者看守所提出书面意见，报省级以上监狱管理机关或者设区的市一级以上公安机关批准。

第二百六十六条　监狱、看守所提出暂予监外执行的书面意见的，应当将书面意见的副本抄送人民检察院。人民检察院可以向决定或者批准机关提出书面意见。

第二百六十七条　决定或者批准暂予监外执行的机关应当将暂予监外执行决定抄送人民检察院。人民检察院认为暂予监外执行不当的，应当自接到通知之日起一个月以内将书面意见送交决定或者批准暂予监外执行的机关，决定或者批准暂予监外执行的机关接到人民检察院的书面意见后，应当立即对该决定进行重新核查。

第二百六十八条　对暂予监外执行的罪犯，有下列情形之一的，应当及时收监：

（一）发现不符合暂予监外执行条件的；

（二）严重违反有关暂予监外执行监督管理规定的；

（三）暂予监外执行的情形消失后，罪犯刑期未满的。

对于人民法院决定暂予监外执行的罪犯应当予以收监的，由人民法院作出决定，将有关的法律文书送达公安机关、监狱或者其他执行机关。

不符合暂予监外执行条件的罪犯通过贿赂等非法手段被暂予监外执行的，在监外执行的期间不计入执行刑期。罪犯在暂予监外执行期间脱逃的，脱逃的期间不计入执行刑期。

罪犯在暂予监外执行期间死亡的，执行机关应当及时通知监狱或者看守所。

第二百六十九条　对被判处管制、宣告缓刑、假释或者暂予监外执行的罪犯，依法实行社区矫正，由社区矫正机构负责执行。

第二百七十条 对被判处剥夺政治权利的罪犯,由公安机关执行。执行期满,应当由执行机关书面通知本人及其所在单位、居住地基层组织。

第二百七十一条 被判处罚金的罪犯,期满不缴纳的,人民法院应当强制缴纳;如果由于遭遇不能抗拒的灾祸等原因缴纳确实有困难的,经人民法院裁定,可以延期缴纳、酌情减少或者免除。

第二百七十二条 没收财产的判决,无论附加适用或者独立适用,都由人民法院执行;在必要的时候,可以会同公安机关执行。

第二百七十三条 罪犯在服刑期间又犯罪的,或者发现了判决的时候所没有发现的罪行,由执行机关移送人民检察院处理。

被判处管制、拘役、有期徒刑或者无期徒刑的罪犯,在执行期间确有悔改或者立功表现,应当依法予以减刑、假释的时候,由执行机关提出建议书,报请人民法院审核裁定,并将建议书副本抄送人民检察院。人民检察院可以向人民法院提出书面意见。

第二百七十四条 人民检察院认为人民法院减刑、假释的裁定不当,应当在收到裁定书副本后二十日以内,向人民法院提出书面纠正意见。人民法院应当在收到纠正意见后一个月以内重新组成合议庭进行审理,作出最终裁定。

第二百七十五条 监狱和其他执行机关在刑罚执行中,如果认为判决有错误或者罪犯提出申诉,应当转请人民检察院或者原判人民法院处理。

第二百七十六条 人民检察院对执行机关执行刑罚的活动是否合法实行监督。如果发现有违法的情况,应当通知执行机关纠正。

二、人民检察院刑事诉讼规则（节录）

（2019年12月2日最高人民检察院第十三届检察委员会第二十八次会议通过　自2019年12月30日起施行　高检发释字〔2019〕4号）

第十四章　刑罚执行和监管执法监督

第六百二十一条　人民检察院依法对刑事判决、裁定和决定的执行工作以及监狱、看守所等的监管执法活动实行法律监督。

第六百二十二条　人民检察院根据工作需要，可以对监狱、看守所等场所采取巡回检察、派驻检察等方式进行监督。

第六百二十三条　人民检察院对监狱、看守所等场所进行监督，除可以采取本规则第五百五十一条规定的调查核实措施外，还可以采取实地查看禁闭室、会见室、监区、监舍等有关场所，列席监狱、看守所有关会议，与有关监管民警进行谈话，召开座谈会，开展问卷调查等方式。

第六百二十四条　人民检察院对刑罚执行和监管执法活动实行监督，可以根据下列情形分别处理：

（一）发现执法瑕疵、安全隐患，或者违法情节轻微的，口头提出纠正意见，并记录在案；

（二）发现严重违法，发生重大事故，或者口头提出纠正意见后七日以内未予纠正的，书面提出纠正意见；

（三）发现存在可能导致执法不公问题，或者存在重大监管漏洞、重大安全隐患、重大事故风险等问题的，提出检察建议。

对于在巡回检察中发现的前款规定的问题、线索的整改落实情况，通过巡回检察进行督导。

第六百二十五条 人民检察院发现人民法院、公安机关、看守所等机关的交付执行活动具有下列情形之一的，应当依法提出纠正意见：

（一）交付执行的第一审人民法院没有在法定期间内将判决书、裁定书、人民检察院的起诉书副本、自诉状复印件、执行通知书、结案登记表等法律文书送达公安机关、监狱、社区矫正机构等执行机关的；

（二）对被判处死刑缓期二年执行、无期徒刑或者有期徒刑余刑在三个月以上的罪犯，公安机关、看守所自接到人民法院执行通知书等法律文书后三十日以内，没有将成年罪犯送交监狱执行刑罚，或者没有将未成年罪犯送交未成年犯管教所执行刑罚的；

（三）对需要收监执行刑罚而判决、裁定生效前未被羁押的罪犯，第一审人民法院没有及时将罪犯收监送交公安机关，并将判决书、裁定书、执行通知书等法律文书送达公安机关的；

（四）公安机关对需要收监执行刑罚但下落不明的罪犯，在收到人民法院的判决书、裁定书、执行通知书等法律文书后，没有及时抓捕、通缉的；

（五）对被判处管制、宣告缓刑或者人民法院决定暂予监外执行的罪犯，在判决、裁定生效后或者收到人民法院暂予监外执行决定后，未依法交付罪犯居住地社区矫正机构执行，或者对被单处剥夺政治权利的罪犯，在判决、裁定生效后，未依法交付罪

犯居住地公安机关执行的,或者人民法院依法交付执行,社区矫正机构或者公安机关应当接收而拒绝接收的;

(六)其他违法情形。

第六百二十六条 人民法院判决被告人无罪、免予刑事处罚、判处管制、宣告缓刑、单处罚金或者剥夺政治权利,被告人被羁押的,人民检察院应当监督被告人是否被立即释放。发现被告人没有被立即释放的,应当立即向人民法院或者看守所提出纠正意见。

第六百二十七条 人民检察院发现公安机关未依法执行拘役、剥夺政治权利,拘役执行期满未依法发给释放证明,或者剥夺政治权利执行期满未书面通知本人及其所在单位、居住地基层组织等违法情形的,应当依法提出纠正意见。

第六百二十八条 人民检察院发现监狱、看守所对服刑期满或者依法应当予以释放的人员没有按期释放,对被裁定假释的罪犯依法应当交付罪犯居住地社区矫正机构实行社区矫正而不交付,对主刑执行完毕仍然需要执行附加剥夺政治权利的罪犯依法应当交付罪犯居住地公安机关执行而不交付,或者对服刑期未满又无合法释放根据的罪犯予以释放等违法行为的,应当依法提出纠正意见。

第六百二十九条 人民检察院发现人民法院、监狱、看守所、公安机关暂予监外执行的活动具有下列情形之一的,应当依法提出纠正意见:

(一)将不符合法定条件的罪犯提请、决定暂予监外执行的;

(二)提请、决定暂予监外执行的程序违反法律规定或者没有完备的合法手续,或者对于需要保外就医的罪犯没有省级人民政府指定医院的诊断证明和开具的证明文件的;

（三）监狱、看守所提出暂予监外执行书面意见，没有同时将书面意见副本抄送人民检察院的；

（四）罪犯被决定或者批准暂予监外执行后，未依法交付罪犯居住地社区矫正机构实行社区矫正的；

（五）对符合暂予监外执行条件的罪犯没有依法提请暂予监外执行的；

（六）人民法院在作出暂予监外执行决定前，没有依法征求人民检察院意见的；

（七）发现罪犯不符合暂予监外执行条件，在暂予监外执行期间严重违反暂予监外执行监督管理规定，或者暂予监外执行的条件消失且刑期未满，应当收监执行而未及时收监执行的；

（八）人民法院决定将暂予监外执行的罪犯收监执行，并将有关法律文书送达公安机关、监狱、看守所后，监狱、看守所未及时收监执行的；

（九）对不符合暂予监外执行条件的罪犯通过贿赂、欺骗等非法手段被暂予监外执行以及在暂予监外执行期间脱逃的罪犯，监狱、看守所未建议人民法院将其监外执行期间、脱逃期间不计入执行刑期或者对罪犯执行刑期计算的建议违法、不当的；

（十）暂予监外执行的罪犯刑期届满，未及时办理释放手续的；

（十一）其他违法情形。

第六百三十条 人民检察院收到监狱、看守所抄送的暂予监外执行书面意见副本后，应当逐案进行审查，发现罪犯不符合暂予监外执行法定条件或者提请暂予监外执行违反法定程序的，应当在十日以内报经检察长批准，向决定或者批准机关提出书面检察意见，同时抄送执行机关。

第六百三十一条　人民检察院接到决定或者批准机关抄送的暂予监外执行决定书后，应当及时审查下列内容：

（一）是否属于被判处有期徒刑或者拘役的罪犯；

（二）是否属于有严重疾病需要保外就医的罪犯；

（三）是否属于怀孕或者正在哺乳自己婴儿的妇女；

（四）是否属于生活不能自理，适用暂予监外执行不致危害社会的罪犯；

（五）是否属于适用保外就医可能有社会危险性的罪犯，或者自伤自残的罪犯；

（六）决定或者批准机关是否符合刑事诉讼法第二百六十五条第五款的规定；

（七）办理暂予监外执行是否符合法定程序。

第六百三十二条　人民检察院经审查认为暂予监外执行不当的，应当自接到通知之日起一个月以内，向决定或者批准暂予监外执行的机关提出纠正意见。下级人民检察院认为暂予监外执行不当的，应当立即层报决定或者批准暂予监外执行的机关的同级人民检察院，由其决定是否向决定或者批准暂予监外执行的机关提出纠正意见。

第六百三十三条　人民检察院向决定或者批准暂予监外执行的机关提出不同意暂予监外执行的书面意见后，应当监督其对决定或者批准暂予监外执行的结果进行重新核查，并监督重新核查的结果是否符合法律规定。对核查不符合法律规定的，应当依法提出纠正意见，并向上一级人民检察院报告。

第六百三十四条　对于暂予监外执行的罪犯，人民检察院发现罪犯不符合暂予监外执行条件、严重违反有关暂予监外执行的监督管理规定或者暂予监外执行的情形消失而罪犯刑期未满的，应当通知执行机关收监执行，或者建议决定或者批准暂予监外执行的机关作出收监执行决定。

第六百三十五条 人民检察院收到执行机关抄送的减刑、假释建议书副本后，应当逐案进行审查。发现减刑、假释建议不当或者提请减刑、假释违反法定程序的，应当在十日以内报经检察长批准，向审理减刑、假释案件的人民法院提出书面检察意见，同时也可以向执行机关提出书面纠正意见。案情复杂或者情况特殊的，可以延长十日。

第六百三十六条 人民检察院发现监狱等执行机关提请人民法院裁定减刑、假释的活动具有下列情形之一的，应当依法提出纠正意见：

（一）将不符合减刑、假释法定条件的罪犯，提请人民法院裁定减刑、假释的；

（二）对依法应当减刑、假释的罪犯，不提请人民法院裁定减刑、假释的；

（三）提请对罪犯减刑、假释违反法定程序，或者没有完备的合法手续的；

（四）提请对罪犯减刑的减刑幅度、起始时间、间隔时间或者减刑后又假释的间隔时间不符合有关规定的；

（五）被提请减刑、假释的罪犯被减刑后实际执行的刑期或者假释考验期不符合有关法律规定的；

（六）其他违法情形。

第六百三十七条 人民法院开庭审理减刑、假释案件，人民检察院应当指派检察人员出席法庭，发表意见。

第六百三十八条 人民检察院收到人民法院减刑、假释的裁定书副本后，应当及时审查下列内容：

（一）被减刑、假释的罪犯是否符合法定条件，对罪犯减刑的减刑幅度、起始时间、间隔时间或者减刑后又假释的间隔时间、罪犯被减刑后实际执行的刑期或者假释考验期是否符合有关规定；

（二）执行机关提请减刑、假释的程序是否合法；

（三）人民法院审理、裁定减刑、假释的程序是否合法；

（四）人民法院对罪犯裁定不予减刑、假释是否符合有关规定；

（五）人民法院减刑、假释裁定书是否依法送达执行并向社会公布。

第六百三十九条 人民检察院经审查认为人民法院减刑、假释的裁定不当，应当在收到裁定书副本后二十日以内，向作出减刑、假释裁定的人民法院提出纠正意见。

第六百四十条 对人民法院减刑、假释裁定的纠正意见，由作出减刑、假释裁定的人民法院的同级人民检察院书面提出。

下级人民检察院发现人民法院减刑、假释裁定不当的，应当向作出减刑、假释裁定的人民法院的同级人民检察院报告。

第六百四十一条 人民检察院对人民法院减刑、假释的裁定提出纠正意见后，应当监督人民法院是否在收到纠正意见后一个月以内重新组成合议庭进行审理，并监督重新作出的裁定是否符合法律规定。对最终裁定不符合法律规定的，应当向同级人民法院提出纠正意见。

第六百四十二条 人民检察院发现社区矫正决定机关、看守所、监狱、社区矫正机构在交付、接收社区矫正对象活动中违反有关规定的，应当依法提出纠正意见。

第六百四十三条 人民检察院发现社区矫正执法活动具有下

列情形之一的,应当依法提出纠正意见:

(一)社区矫正对象报到后,社区矫正机构未履行法定告知义务,致使其未按照有关规定接受监督管理的;

(二)违反法律规定批准社区矫正对象离开所居住的市、县,或者违反人民法院禁止令的内容批准社区矫正对象进入特定区域或者场所的;

(三)没有依法监督管理而导致社区矫正对象脱管的;

(四)社区矫正对象违反监督管理规定或者人民法院的禁止令,未依法予以警告、未提请公安机关给予治安管理处罚的;

(五)对社区矫正对象有殴打、体罚、虐待、侮辱人格、强迫其参加超时间或者超体力社区服务等侵犯其合法权利行为的;

(六)未依法办理解除、终止社区矫正的;

(七)其他违法情形。

第六百四十四条 人民检察院发现对社区矫正对象的刑罚变更执行活动具有下列情形之一的,应当依法提出纠正意见:

(一)社区矫正机构未依法向人民法院、公安机关、监狱管理机关提出撤销缓刑、撤销假释建议或者对暂予监外执行的收监执行建议,或者未依法向人民法院提出减刑建议的;

(二)人民法院、公安机关、监狱管理机关未依法作出裁定、决定,或者未依法送达的;

(三)公安机关未依法将罪犯送交看守所、监狱,或者看守所、监狱未依法收监执行的;

(四)公安机关未依法对在逃的罪犯实施追捕的;

(五)其他违法情形。

第六百四十五条 人民检察院发现人民法院执行刑事裁判涉财产部分具有下列情形之一的,应当依法提出纠正意见:

（一）执行立案活动违法的；

（二）延期缴纳、酌情减少或者免除罚金违法的；

（三）中止执行或者终结执行违法的；

（四）被执行人有履行能力，应当执行而不执行的；

（五）损害被执行人、被害人、利害关系人或者案外人合法权益的；

（六）刑事裁判全部或者部分被撤销后未依法返还或者赔偿的；

（七）执行的财产未依法上缴国库的；

（八）其他违法情形。

人民检察院对人民法院执行刑事裁判涉财产部分进行监督，可以对公安机关查封、扣押、冻结涉案财物的情况，人民法院审判部门、立案部门、执行部门移送、立案、执行情况，被执行人的履行能力等情况向有关单位和个人进行调查核实。

第六百四十六条 人民检察院发现被执行人或者其他人员有隐匿、转移、变卖财产等妨碍执行情形的，可以建议人民法院及时查封、扣押、冻结。

公安机关不依法向人民法院移送涉案财物、相关清单、照片和其他证明文件，或者对涉案财物的查封、扣押、冻结、返还、处置等活动存在违法情形的，人民检察院应当依法提出纠正意见。

第六百四十七条 被判处死刑立即执行的罪犯在被执行死刑时，人民检察院应当指派检察官临场监督。

死刑执行临场监督由人民检察院负责刑事执行检察的部门承担。人民检察院派驻看守所、监狱的检察人员应当予以协助，负责捕诉的部门应当提供有关情况。执行死刑过程中，人民检察院临场监督人员根据需要可以进行拍照、录像。

执行死刑后，人民检察院临场监督人员应当检查罪犯是否确已死亡，并填写死刑执行临场监督笔录，签名后入卷归档。

第六百四十八条 省级人民检察院负责案件管理的部门收到高级人民法院报请最高人民法院复核的死刑判决书、裁定书副本后，应当在三日以内将判决书、裁定书副本移送本院负责刑事执行检察的部门。

判处死刑的案件一审是由中级人民法院审理的，省级人民检察院应当及时将死刑判决书、裁定书副本移送中级人民法院的同级人民检察院负责刑事执行检察的部门。

人民检察院收到同级人民法院执行死刑临场监督通知后，应当查明同级人民法院是否收到最高人民法院核准死刑的裁定或者作出的死刑判决、裁定和执行死刑的命令。

第六百四十九条 执行死刑前，人民检察院发现具有下列情形之一的，应当建议人民法院立即停止执行，并层报最高人民检察院负责死刑复核监督的部门：

（一）被执行人并非应当执行死刑的罪犯的；

（二）罪犯犯罪时不满十八周岁，或者审判的时候已满七十五周岁，依法不应当适用死刑的；

（三）罪犯正在怀孕的；

（四）共同犯罪的其他犯罪嫌疑人到案，共同犯罪的其他罪犯被暂停或者停止执行死刑，可能影响罪犯量刑的；

（五）罪犯可能有其他犯罪的；

（六）罪犯揭发他人重大犯罪事实或者有其他重大立功表现，可能需要改判的；

（七）判决、裁定可能有影响定罪量刑的其他错误的。

在执行死刑活动中，发现人民法院有侵犯被执行死刑罪犯的人身权、财产权或者其近亲属、继承人合法权利等违法情形的，人民检察院应当依法提出纠正意见。

第六百五十条 判处被告人死刑缓期二年执行的判决、裁定在执行过程中，人民检察院监督的内容主要包括：

（一）死刑缓期执行期满，符合法律规定应当减为无期徒刑、有期徒刑条件的，监狱是否及时提出减刑建议提请人民法院裁定，人民法院是否依法裁定；

（二）罪犯在缓期执行期间故意犯罪，监狱是否依法侦查和移送起诉；罪犯确系故意犯罪，情节恶劣，查证属实，应当执行死刑的，人民法院是否依法核准或者裁定执行死刑。

被判处死刑缓期二年执行的罪犯在死刑缓期执行期间故意犯罪，执行机关向人民检察院移送起诉的，由罪犯服刑所在地设区的市级人民检察院审查决定是否提起公诉。

人民检察院发现人民法院对被判处死刑缓期二年执行的罪犯减刑不当的，应当依照本规则第六百三十九条、第六百四十条的规定，向人民法院提出纠正意见。罪犯在死刑缓期执行期间又故意犯罪，经人民检察院起诉后，人民法院仍然予以减刑的，人民检察院应当依照本规则相关规定，向人民法院提出抗诉。

第六百五十一条 人民检察院发现人民法院、公安机关、强制医疗机构在对依法不负刑事责任的精神病人的强制医疗的交付执行、医疗、解除等活动中违反有关规定的，应当依法提出纠正意见。

第六百五十二条 人民检察院在强制医疗执行监督中发现被强制医疗的人不符合强制医疗条件或者需要依法追究刑事责任，人民法院作出的强制医疗决定可能错误的，应当在五日以内将有关材料转交作出强制医疗决定的人民法院的同级人民检察院。收到材料的人民检察院负责捕诉的部门应当在二十日以内进行审查,并将审查情况和处理意见反馈负责强制医疗执行监督的人民检察院。

第六百五十三条 人民检察院发现公安机关在对涉案精神病人采取临时保护性约束措施时有违法情形的,应当依法提出纠正意见。

第六百五十四条 人民检察院发现看守所收押活动和监狱收监活动中具有下列情形之一的,应当依法提出纠正意见:

(一)没有收押、收监文书、凭证,文书、凭证不齐全,或者被收押、收监人员与文书、凭证不符的;

(二)依法应当收押、收监而不收押、收监,或者对依法不应当关押的人员收押、收监的;

(三)未告知被收押、收监人员权利、义务的;

(四)其他违法情形。

第六百五十五条 人民检察院发现监狱、看守所等执行机关在管理、教育改造罪犯等活动中有违法行为的,应当依法提出纠正意见。

第六百五十六条 看守所对收押的犯罪嫌疑人进行身体检查时,人民检察院驻看守所检察人员可以在场。发现收押的犯罪嫌疑人有伤或者身体异常的,应当要求看守所进行拍照或者录像,由送押人员、犯罪嫌疑人说明原因,在体检记录中写明,并由送押人员、收押人员和犯罪嫌疑人签字确认。必要时,驻看守所检察人员可以自行拍照或者录像,并将相关情况记录在案。

第六百五十七条 人民检察院发现看守所、监狱等监管场所有殴打、体罚、虐待、违法使用戒具、违法适用禁闭等侵害在押人员人身权利情形的，应当依法提出纠正意见。

第六百五十八条 人民检察院发现看守所违反有关规定，有下列情形之一的，应当依法提出纠正意见：

（一）为在押人员通风报信，私自传递信件、物品，帮助伪造、毁灭、隐匿证据或者干扰证人作证、串供的；

（二）违反规定同意侦查人员将犯罪嫌疑人提出看守所讯问的；

（三）收到在押犯罪嫌疑人、被告人及其法定代理人、近亲属或者辩护人的变更强制措施申请或者其他申请、申诉、控告、举报，不及时转交、转告人民检察院或者有关办案机关的；

（四）应当安排辩护律师依法会见在押的犯罪嫌疑人、被告人而没有安排的；

（五）违法安排辩护律师或者其他人员会见在押的犯罪嫌疑人、被告人的；

（六）辩护律师会见犯罪嫌疑人、被告人时予以监听的；

（七）其他违法情形。

第六百五十九条 人民检察院发现看守所代为执行刑罚的活动具有下列情形之一的，应当依法提出纠正意见：

（一）将被判处有期徒刑剩余刑期在三个月以上的罪犯留所服刑的；

（二）将留所服刑罪犯与犯罪嫌疑人、被告人混押、混管、混教的；

（三）其他违法情形。

第六百六十条 人民检察院发现监狱没有按照规定对罪犯进行分押分管、监狱人民警察没有对罪犯实行直接管理等违反监管规定情形的，应当依法提出纠正意见。

人民检察院发现监狱具有未按照规定安排罪犯与亲属或者监护人会见、对伤病罪犯未及时治疗以及未执行国家规定的罪犯生活标准等侵犯罪犯合法权益情形的,应当依法提出纠正意见。

第六百六十一条 人民检察院发现看守所出所活动和监狱出监活动具有下列情形之一的,应当依法提出纠正意见:

(一)没有出所、出监文书、凭证,文书、凭证不齐全,或者出所、出监人员与文书、凭证不符的;

(二)应当释放而没有释放,不应当释放而释放,或者未依照规定送达释放通知书的;

(三)对提押、押解、转押出所的在押人员,特许离监、临时离监、调监或者暂予监外执行的罪犯,未依照规定派员押送并办理交接手续的;

(四)其他违法情形。

第六百六十二条 人民检察院发现看守所、监狱、强制医疗机构等场所具有下列情形之一的,应当开展事故检察:

(一)被监管人、被强制医疗人非正常死亡、伤残、脱逃的;

(二)被监管人破坏监管秩序,情节严重的;

(三)突发公共卫生事件的;

(四)其他重大事故。

发生被监管人、被强制医疗人非正常死亡的,应当组织巡回检察。

第六百六十三条 人民检察院应当对看守所、监狱、强制医疗机构等场所或者主管机关的事故调查结论进行审查。具有下列情形之一的,人民检察院应当调查核实:

(一)被监管人、被强制医疗人及其法定代理人、近亲属对调查结论有异议的，人民检察院认为有必要调查的；

（二）人民检察院对调查结论有异议的；

（三）其他需要调查的。

人民检察院应当将调查核实的结论书面通知监管场所或者主管机关和被监管人、被强制医疗人的近亲属。认为监管场所或者主管机关处理意见不当，或者监管执法存在问题的，应当提出纠正意见或者检察建议；认为可能存在违法犯罪情形的，应当移送有关部门处理。

三、人民检察院办理减刑、假释案件规定

(2014年7月21日最高人民检察院第十二届检察委员会第二十五次会议通过 高检发监字〔2014〕8号)

第一条 为了进一步加强和规范减刑、假释法律监督工作,确保刑罚变更执行合法、公正,根据《中华人民共和国刑法》、《中华人民共和国刑事诉讼法》和《中华人民共和国监狱法》等有关规定,结合检察工作实际,制定本规定。

第二条 人民检察院依法对减刑、假释案件的提请、审理、裁定等活动是否合法实行法律监督。

第三条 人民检察院办理减刑、假释案件,应当按照下列情形分别处理:

(一)对减刑、假释案件提请活动的监督,由对执行机关承担检察职责的人民检察院负责;

(二)对减刑、假释案件审理、裁定活动的监督,由人民法院的同级人民检察院负责;同级人民检察院对执行机关不承担检察职责的,可以根据需要指定对执行机关承担检察职责的人民检察院派员出席法庭;下级人民检察院发现减刑、假释裁定不当的,应当及时向作出减刑、假释裁定的人民法院的同级人民检察院报告。

第四条 人民检察院办理减刑、假释案件,依照规定实行统一案件管理和办案责任制。

第五条 人民检察院收到执行机关移送的下列减刑、假释案件材料后，应当及时进行审查：

（一）执行机关拟提请减刑、假释意见；

（二）终审法院裁判文书、执行通知书、历次减刑裁定书；

（三）罪犯确有悔改表现、立功表现或者重大立功表现的证明材料；

（四）罪犯评审鉴定表、奖惩审批表；

（五）其他应当审查的案件材料。

对拟提请假释案件，还应当审查社区矫正机构或者基层组织关于罪犯假释后对所居住社区影响的调查评估报告。

第六条 具有下列情形之一的，人民检察院应当进行调查核实：

（一）拟提请减刑、假释罪犯系职务犯罪罪犯，破坏金融管理秩序和金融诈骗犯罪罪犯，黑社会性质组织犯罪罪犯，严重暴力恐怖犯罪罪犯，或者其他在社会上有重大影响、社会关注度高的罪犯；

（二）因罪犯有立功表现或者重大立功表现拟提请减刑的；

（三）拟提请减刑、假释罪犯的减刑幅度大、假释考验期长、起始时间早、间隔时间短或者实际执行刑期短的；

（四）拟提请减刑、假释罪犯的考核计分高、专项奖励多或者鉴定材料、奖惩记录有疑点的；

（五）收到控告、举报的；

（六）其他应当进行调查核实的。

第七条 人民检察院可以采取调阅复制有关材料、重新组织诊断鉴别、进行文证鉴定、召开座谈会、个别询问等方式，对下列情况进行调查核实：

（一）拟提请减刑、假释罪犯在服刑期间的表现情况；

（二）拟提请减刑、假释罪犯的财产刑执行、附带民事裁判履行、退赃退赔等情况；

（三）拟提请减刑罪犯的立功表现、重大立功表现是否属实，发明创造、技术革新是否系罪犯在服刑期间独立完成并经有关主管机关确认；

（四）拟提请假释罪犯的身体状况、性格特征、假释后生活来源和监管条件等影响再犯罪的因素；

（五）其他应当进行调查核实的情况。

第八条　人民检察院可以派员列席执行机关提请减刑、假释评审会议，了解案件有关情况，根据需要发表意见。

第九条　人民检察院发现罪犯符合减刑、假释条件，但是执行机关未提请减刑、假释的，可以建议执行机关提请减刑、假释。

第十条　人民检察院收到执行机关抄送的减刑、假释建议书副本后，应当逐案进行审查，可以向人民法院提出书面意见。发现减刑、假释建议不当或者提请减刑、假释违反法定程序的，应当在收到建议书副本后十日以内，依法向审理减刑、假释案件的人民法院提出书面意见，同时将检察意见书副本抄送执行机关。案情复杂或者情况特殊的，可以延长十日。

第十一条　人民法院开庭审理减刑、假释案件的，人民检察院应当指派检察人员出席法庭，发表检察意见，并对法庭审理活动是否合法进行监督。

第十二条　出席法庭的检察人员不得少于二人，其中至少一人具有检察官职务。

第十三条　检察人员应当在庭审前做好下列准备工作：

（一）全面熟悉案情，掌握证据情况，拟定法庭调查提纲和出庭意见；

（二）对执行机关提请减刑、假释有异议的案件，应当收集相关证据，可以建议人民法院通知相关证人出庭作证。

第十四条 庭审开始后，在执行机关代表宣读减刑、假释建议书并说明理由之后，检察人员应当发表检察意见。

第十五条 庭审过程中，检察人员对执行机关提请减刑、假释有疑问的，经审判长许可，可以出示证据，申请证人出庭作证，要求执行机关代表出示证据或者作出说明，向被提请减刑、假释的罪犯及证人提问并发表意见。

第十六条 法庭调查结束时，在被提请减刑、假释罪犯作最后陈述之前，经审判长许可，检察人员可以发表总结性意见。

第十七条 庭审过程中，检察人员认为需要进一步调查核实案件事实、证据，需要补充鉴定或者重新鉴定，或者需要通知新的证人到庭的，应当建议休庭。

第十八条 检察人员发现法庭审理活动违反法律规定的，应当在庭审后及时向本院检察长报告，依法向人民法院提出纠正意见。

第十九条 人民检察院收到人民法院减刑、假释裁定书副本后，应当及时审查下列内容：

（一）人民法院对罪犯裁定予以减刑、假释，以及起始时间、间隔时间、实际执行刑期、减刑幅度或者假释考验期是否符合有关规定；

（二）人民法院对罪犯裁定不予减刑、假释是否符合有关规定；

（三）人民法院审理、裁定减刑、假释的程序是否合法；

（四）按照有关规定应当开庭审理的减刑、假释案件，人民法院是否开庭审理；

（五）人民法院减刑、假释裁定书是否依法送达执行并向社会公布。

第二十条 人民检察院经审查认为人民法院减刑、假释裁定不当的，应当在收到裁定书副本后二十日以内，依法向作出减刑、假释裁定的人民法院提出书面纠正意见。

第二十一条 人民检察院对人民法院减刑、假释裁定提出纠正意见的，应当监督人民法院在收到纠正意见后一个月以内重新组成合议庭进行审理并作出最终裁定。

第二十二条 人民检察院发现人民法院已经生效的减刑、假释裁定确有错误的，应当向人民法院提出书面纠正意见，提请人民法院按照审判监督程序依法另行组成合议庭重新审理并作出裁定。

第二十三条 人民检察院收到控告、举报或者发现司法工作人员在办理减刑、假释案件中涉嫌违法的，应当依法进行调查，并根据情况，向有关单位提出纠正违法意见，建议更换办案人，或者建议予以纪律处分；构成犯罪的，依法追究刑事责任。

第二十四条 人民检察院办理职务犯罪罪犯减刑、假释案件，按照有关规定实行备案审查。

第二十五条 本规定自发布之日起施行。最高人民检察院以前发布的有关规定与本规定不一致的，以本规定为准。

四、人民检察院监狱检察办法

(2003年3月23日 高检发监字〔2008〕1号)

第一条 为规范监狱检察工作，根据《中华人民共和国刑事诉讼法》、《中华人民共和国监狱法》等法律规定，结合监狱检察工作实际，制定本办法。

第二条 人民检察院监狱检察的任务是：保证国家法律法规在刑罚执行活动中的正确实施，维护罪犯合法权益，维护监狱监管秩序稳定，保障惩罚与改造罪犯工作的顺利进行。

第三条 人民检察院监狱检察的职责是：

（一）对监狱执行刑罚活动是否合法实行监督；

（二）对人民法院裁定减刑、假释活动是否合法实行监督；

（三）对监狱管理机关批准暂予监外执行活动是否合法实行监督；

（四）对刑罚执行和监管活动中发生的职务犯罪案件进行侦查，开展职务犯罪预防工作；

（五）对监狱侦查的罪犯又犯罪案件审查逮捕、审查起诉和出庭支持公诉，对监狱的立案、侦查活动和人民法院的审判活动是否合法实行监督；

（六）受理罪犯及其法定代理人、近亲属的控告、举报和申诉；

（七）其他依法应当行使的监督职责。

第四条 人民检察院在监狱检察工作中,应当依法独立行使检察权,应当以事实为根据、以法律为准绳。

监狱检察人员履行法律监督职责,应当严格遵守法律,恪守检察职业道德,忠于职守,清正廉洁;应当坚持原则,讲究方法,注重实效。

第五条 收监检察的内容:

(一) 监狱对罪犯的收监管理活动是否符合有关法律规定。

(二) 监狱收押罪犯有无相关凭证:

1. 收监交付执行的罪犯,是否具备人民检察院的起诉书副本和人民法院的刑事判决(裁定)书、执行通知书、结案登记表;

2. 收监监外执行的罪犯,是否具备撤销假释裁定书、撤销缓刑裁定书或者撤销暂予监外执行的收监执行决定书;

3. 从其他监狱调入罪犯,是否具备审批手续。

(三) 监狱是否收押了依法不应当收押的人员。

第六条 收监检察的方法:

(一) 对个别收监罪犯,实行逐人检察;

(二) 对集体收监罪犯,实行重点检察;

(三) 对新收罪犯监区,实行巡视检察。

第七条 发现监狱在收监管理活动中有下列情形的,应当及时提出纠正意见:

(一) 没有收监凭证或者收监凭证不齐全而收监的;

(二) 收监罪犯与收监凭证不符的;

(三) 应当收监而拒绝收监的;

(四) 不应当收监而收监的;

(五) 罪犯收监后未按时通知其家属的;

（六）其他违反收监规定的。

第八条　出监检察的内容：

（一）监狱对罪犯的出监管理活动是否符合有关法律规定。

（二）罪犯出监有无相关凭证：

1. 刑满释放罪犯，是否具备刑满释放证明书；

2. 假释罪犯，是否具备假释裁定书、执行通知书、假释证明书；

3. 暂予监外执行罪犯，是否具备暂予监外执行审批表、暂予监外执行决定书；

4. 离监探亲和特许离监罪犯，是否具备离监探亲审批表、离监探亲证明；

5. 临时离监罪犯，是否具备临时离监解回再审的审批手续；

6. 调监罪犯，是否具备调监的审批手续。

第九条　出监检察的方法：

（一）查阅罪犯出监登记和出监凭证；

（二）与出监罪犯进行个别谈话，了解情况。

第十条　发现监狱在出监管理活动中有下列情形的，应当及时提出纠正意见：

（一）没有出监凭证或者出监凭证不齐全而出监的；

（二）出监罪犯与出监凭证不符的；

（三）应当释放而没有释放或者不应当释放而释放的；

（四）罪犯没有监狱人民警察或者办案人员押解而特许离监、临时离监或者调监的；

（五）没有派员押送暂予监外执行罪犯到达执行地公安机关的；

（六）没有向假释罪犯、暂予监外执行罪犯、刑满释放仍需执行附加剥夺政治权利罪犯的执行地公安机关送达有关法律文书的；

（七）没有向刑满释放人员居住地公安机关送达释放通知书的；

（八）其他违反出监规定的。

第十一条 假释罪犯、暂予监外执行罪犯、刑满释放仍需执行附加剥夺政治权利罪犯出监时，派驻检察机构应当填写《监外执行罪犯出监告知表》，寄送执行地人民检察院监所检察部门。

第十二条 对监狱提请减刑、假释活动检察的内容：

（一）提请减刑、假释罪犯是否符合法律规定条件；

（二）提请减刑、假释的程序是否符合法律和有关规定；

（三）对依法应当减刑、假释的罪犯，监狱是否提请减刑、假释。

第十三条 对监狱提请减刑、假释活动检察的方法：

（一）查阅被提请减刑、假释罪犯的案卷材料；

（二）查阅监区集体评议减刑、假释会议记录，罪犯计分考核原始凭证，刑罚执行（狱政管理）部门审查意见；

（三）列席监狱审核拟提请罪犯减刑、假释的会议；

（四）向有关人员了解被提请减刑、假释罪犯的表现等情况。

第十四条 发现监狱在提请减刑、假释活动中有下列情形的，应当及时提出纠正意见：

（一）对没有悔改表现或者立功表现的罪犯，提请减刑的；

（二）对没有悔改表现，假释后可能再危害社会的罪犯，提请假释的；

（三）对累犯以及因杀人、爆炸、抢劫、强奸、绑架等暴力性犯罪被判处十年以上有期徒刑、无期徒刑的罪犯，提请假释的；

（四）对依法应当减刑、假释的罪犯没有提请减刑、假释的；

（五）提请对罪犯减刑的起始时间、间隔时间和减刑后又假释的间隔时间不符合有关规定的；

（六）被提请减刑、假释的罪犯被减刑后实际执行的刑期或者假释考验期不符合有关规定的；

（七）提请减刑、假释没有完备的合法手续的；

（八）其他违反提请减刑、假释规定的。

第十五条 派驻检察机构收到监狱移送的提请减刑材料的，应当及时审查并签署意见。认为提请减刑不当的，应当提出纠正意见，填写《监狱提请减刑不当情况登记表》。所提纠正意见未被采纳的，可以报经本院检察长批准，向受理本案的人民法院的同级人民检察院报送。

第十六条 派驻检察机构收到监狱移送的提请假释材料的，应当及时审查并签署意见，填写《监狱提请假释情况登记表》，向受理本案的人民法院的同级人民检察院报送。认为提请假释不当的，应当提出纠正意见，将意见以及监狱采纳情况一并填入《监狱提请假释情况登记表》。

第十七条 人民检察院收到人民法院减刑、假释裁定书副本后，应当及时审查。认为减刑、假释裁定不当的，应当在收到裁定书副本后二十日内，向作出减刑、假释裁定的人民法院提出书面纠正意见。

第十八条 人民检察院对人民法院减刑、假释的裁定提出纠正意见后,应当监督人民法院是否在收到纠正意见后一个月内重新组成合议庭进行审理。

第十九条 对人民法院减刑、假释裁定的纠正意见,由作出减刑、假释裁定的人民法院的同级人民检察院书面提出。下级人民检察院发现人民法院减刑、假释裁定不当的,应当立即向作出减刑、假释裁定的人民法院的同级人民检察院报告。

第二十条 对人民法院采取听证或者庭审方式审理减刑、假释案件的,同级人民检察院应当派员参加,发表检察意见并对听证或者庭审过程是否合法进行监督。

第二十一条 对监狱呈报暂予监外执行活动检察的内容:

(一)呈报暂予监外执行罪犯是否符合法律规定条件;

(二)呈报暂予监外执行的程序是否符合法律和有关规定。

第二十二条 对监狱呈报暂予监外执行活动检察的方法:

(一)审查被呈报暂予监外执行罪犯的病残鉴定和病历资料;

(二)列席监狱审核拟呈报罪犯暂予监外执行的会议;

(三)向有关人员了解被呈报暂予监外执行罪犯的患病及表现等情况。

第二十三条 发现监狱在呈报暂予监外执行活动中有下列情形的,应当及时提出纠正意见:

(一)呈报保外就医罪犯所患疾病不属于《罪犯保外就医疾病伤残范围》的;

(二)呈报保外就医罪犯属于因患严重慢性疾病长期医治无效情形,执行原判刑期未达三分之一以上的;

(三)呈报保外就医罪犯属于自伤自残的;

(四)呈报保外就医罪犯没有省级人民政府指定医院开具的

相关证明文件的;

(五)对适用暂予监外执行可能有社会危险性的罪犯呈报暂予监外执行的;

(六)对罪犯呈报暂予监外执行没有完备的合法手续的;

(七)其他违反暂予监外执行规定的。

第二十四条 派驻检察机构收到监狱抄送的呈报罪犯暂予监外执行的材料后,应当及时审查并签署意见。认为呈报暂予监外执行不当的,应当提出纠正意见。审查情况应当填入《监狱呈报暂予监外执行情况登记表》,层报省级人民检察院监所检察部门。

省级人民检察院监所检察部门审查认为监狱呈报暂予监外执行不当的,应当及时将审查意见告知省级监狱管理机关。

第二十五条 省级人民检察院收到省级监狱管理机关批准暂予监外执行的通知后,应当及时审查。认为暂予监外执行不当的,应当自接到通知之日起一个月内向省级监狱管理机关提出书面纠正意见。

省级人民检察院应当监督省级监狱管理机关是否在收到书面纠正意见后一个月内进行重新核查和核查决定是否符合法律规定。

第二十六条 下级人民检察院发现暂予监外执行不当的,应当立即层报省级人民检察院。

第二十七条 禁闭检察的内容:

(一)适用禁闭是否符合规定条件;

(二)适用禁闭的程序是否符合有关规定;

(三)执行禁闭是否符合有关规定。

第二十八条 禁闭检察的方法:

（一）对禁闭室进行现场检察；

（二）查阅禁闭登记和审批手续；

（三）听取被禁闭人和有关人员的意见。

第二十九条　发现监狱在适用禁闭活动中有下列情形的，应当及时提出纠正意见：

（一）对罪犯适用禁闭不符合规定条件的；

（二）禁闭的审批手续不完备的；

（三）超期限禁闭的；

（四）使用戒具不符合有关规定的；

（五）其他违反禁闭规定的。

第三十条　事故检察的内容：

（一）罪犯脱逃；

（二）罪犯破坏监管秩序；

（三）罪犯群体病疫；

（四）罪犯伤残；

（五）罪犯非正常死亡；

（六）其他事故。

第三十一条　事故检察的方法：

（一）派驻检察机构接到监狱关于罪犯脱逃、破坏监管秩序、群体病疫、伤残、死亡等事故报告，应当立即派员赴现场了解情况，并及时报告本院检察长；

（二）认为可能存在违法犯罪问题的，派驻检察人员应当深入事故现场，调查取证；

（三）派驻检察机构与监狱共同剖析事故原因，研究对策，完善监管措施。

第三十二条　罪犯在服刑期间因病死亡，其家属对监狱提供的医疗鉴定有疑义向人民检察院提出的，人民检察院应当受理。经审查认为医疗鉴定有错误的，可以重新对死亡原因作出鉴定。

罪犯非正常死亡的，人民检察院接到监狱通知后，原则上应在二十四小时内对尸体进行检验，对死亡原因进行鉴定，并根据鉴定结论依法及时处理。

第三十三条 对于监狱发生的重大事故，派驻检察机构应当及时填写《重大事故登记表》，报送上一级人民检察院，同时对监狱是否存在执法过错责任进行检察。

辖区内监狱发生重大事故的，省级人民检察院应当检查派驻检察机构是否存在不履行或者不认真履行监督职责的问题。

第三十四条 狱政管理、教育改造活动检察的内容：

（一）监狱的狱政管理、教育改造活动是否符合有关法律规定；

（二）罪犯的合法权益是否得到保障。

第三十五条 狱政管理、教育改造活动检察的方法：

（一）对罪犯生活、学习、劳动现场和会见室进行实地检察和巡视检察；

（二）查阅罪犯名册、伙食账簿、会见登记和会见手续；

（三）向罪犯及其亲属和监狱人民警察了解情况，听取意见；

（四）在法定节日、重大活动之前或者期间，督促监狱进行安全防范和生活卫生检查。

第三十六条 发现监狱在狱政管理、教育改造活动中有下列情形的，应当及时提出纠正意见：

（一）监狱人民警察体罚、虐待或者变相体罚、虐待罪犯的；

（二）没有按照规定对罪犯进行分押分管的；

（三）监狱人民警察没有对罪犯实行直接管理的；

（四）安全防范警戒设施不完备的；

（五）监狱人民警察违法使用戒具的；

（六）没有按照规定安排罪犯与其亲属会见的；

（七）对伤病罪犯没有及时治疗的；

（八）没有执行罪犯生活标准规定的；

（九）没有按照规定时间安排罪犯劳动，存在罪犯超时间、超体力劳动情况的；

（十）其他违反狱政管理、教育改造规定的。

第三十七条 派驻检察机构参加监狱狱情分析会，应当针对罪犯思想动态、监管秩序等方面存在的问题，提出意见和建议，与监狱共同研究对策，制定措施。

第三十八条 派驻检察机构应当与监狱建立联席会议制度，及时了解监狱发生的重大情况，共同分析监管执法和检察监督中存在的问题，研究改进工作的措施。联席会议每半年召开一次，必要时可以随时召开。

第三十九条 派驻检察机构每半年协助监狱对罪犯进行一次集体法制宣传教育。

派驻检察人员应当每周至少选择一名罪犯进行个别谈话，并及时与要求约见的罪犯谈话，听取情况反映，提供法律咨询，接收递交的材料等。

第四十条 人民检察院监所检察部门负责监狱侦查的罪犯又犯罪案件的审查逮捕、审查起诉和出庭支持公诉，以及立案监督、侦查监督、审判监督、死刑临场监督等工作。

第四十一条 办理罪犯又犯罪案件期间该罪犯原判刑期届满

的，在侦查阶段由监狱提请人民检察院审查批准逮捕，在审查起诉阶段由人民检察院决定逮捕。

第四十二条 发现罪犯在判决宣告前还有其他罪行没有判决的，应当分别情形作出处理：

（一）适宜于服刑地人民法院审理的，依照本办法第四十条、第四十一条的规定办理；

（二）适宜于原审地或者犯罪地人民法院审理的，转交当地人民检察院办理；

（三）属于职务犯罪的，交由原提起公诉的人民检察院办理。

第四十三条 派驻检察机构应当受理罪犯及其法定代理人、近亲属向检察机关提出的控告、举报和申诉，根据罪犯反映的情况，及时审查处理，并填写《控告、举报和申诉登记表》。

第四十四条 派驻检察机构应当在监区或者分监区设立检察官信箱，接收罪犯控告、举报和申诉材料。信箱应当每周开启。

派驻检察人员应当每月定期接待罪犯近亲属、监护人来访，受理控告、举报和申诉，提供法律咨询。

第四十五条 派驻检察机构对罪犯向检察机关提交的自首、检举和揭发犯罪线索等材料，依照本办法第四十三条的规定办理，并检察兑现政策情况。

第四十六条 派驻检察机构办理控告、举报案件，对控告人、举报人要求回复处理结果的，应当将调查核实情况反馈控告人、举报人。

第四十七条 人民检察院监所检察部门审查刑事申诉，认为原判决、裁定正确、申诉理由不成立的，应当将审查结果答复申诉人并做好息诉工作；认为原判决、裁定有错误可能，需要立案复查的,应当移送刑事申诉检察部门办理。

第四十八条 纠正违法的程序:

(一)派驻检察人员发现轻微违法情况,可以当场提出口头纠正意见,并及时向派驻检察机构负责人报告,填写《检察纠正违法情况登记表》;

(二)派驻检察机构发现严重违法情况,或者在提出口头纠正意见后被监督单位七日内未予纠正且不说明理由的,应当报经本院检察长批准,及时发出《纠正违法通知书》;

(三)人民检察院发出《纠正违法通知书》后十五日内,被监督单位仍未纠正或者回复意见的,应当及时向上一级人民检察院报告。

对严重违法情况,派驻检察机构应当填写《严重违法情况登记表》,向上一级人民检察院监所检察部门报送并续报检察纠正情况。

第四十九条 被监督单位对人民检察院的纠正违法意见书面提出异议的,人民检察院应当复议。被监督单位对于复议结论仍然提出异议的,由上一级人民检察院复核。

第五十条 发现刑罚执行活动中存在执法不规范等可能导致执法不公和重大事故等苗头性、倾向性问题的,应当报经本院检察长批准,向有关单位提出检察建议。

第五十一条 派驻检察人员每月派驻监狱检察时间不得少于十六个工作日,遇有突发事件时应当及时检察。

派驻检察人员应当将罪犯每日变动情况、开展检察工作情况和其他有关情况,全面、及时、准确地填入《监狱检察日志》。

第五十二条 派驻检察机构应当实行检务公开。对收监交付执行的罪犯,应当及时告知其权利和义务。

第五十三条 派驻检察人员在工作中，故意违反法律和有关规定，或者严重不负责任，造成严重后果的，应当追究法律责任、纪律责任。

第五十四条 人民检察院监狱检察工作实行"一志八表"的检察业务登记制度。"一志八表"是指《监狱检察日志》、《监外执行罪犯出监告知表》、《监狱提请减刑不当情况登记表》、《监狱提请假释情况登记表》、《监狱呈报暂予监外执行情况登记表》、《重大事故登记表》、《控告、举报和申诉登记表》、《检察纠正违法情况登记表》和《严重违法情况登记表》。

派驻检察机构登记"一志八表"，应当按照"微机联网、动态监督"的要求，实行办公自动化管理。

第五十五条 本办法与《人民检察院监狱检察工作图示》配套使用。

第五十六条 本办法由最高人民检察院负责解释。

第五十七条 本办法自印发之日起施行。1994年11月25日最高人民检察院监所检察厅印发的《监狱检察工作一志十一表（式样）》停止使用。

五、最高人民检察院关于对职务犯罪罪犯减刑、假释、暂予监外执行案件实行备案审查的规定

(2014年6月23日 高检发监字〔2014〕5号印发)

第一条 为了强化对职务犯罪罪犯减刑、假释、暂予监外执行的法律监督，加强上级人民检察院对下级人民检察院办理刑罚变更执行案件工作的领导，根据《中华人民共和国刑法》、《中华人民共和国刑事诉讼法》和《中华人民共和国监狱法》等有关规定，结合检察工作实际，制定本规定。

第二条 人民检察院对职务犯罪罪犯减刑、假释、暂予监外执行案件实行备案审查，按照下列情形分别处理：

（一）对原厅局级以上职务犯罪罪犯减刑、假释、暂予监外执行的案件，人民检察院应当在收到减刑、假释裁定书或者暂予监外执行决定书后十日以内，逐案层报最高人民检察院备案审查；

（二）对原县处级职务犯罪罪犯减刑、假释、暂予监外执行的案件，人民检察院应当在收到减刑、假释裁定书或者暂予监外执行决定书后十日以内，逐案层报省级人民检察院备案审查。

第三条 人民检察院报请备案审查减刑、假释案件，应当填写备案审查登记表，并附下列材料的复印件：

（一）刑罚执行机关提请减刑、假释建议书；

（二）人民法院减刑、假释裁定书；

（三）人民检察院向刑罚执行机关、人民法院提出的书面意见；

罪犯有重大立功表现裁定减刑、假释的案件，还应当附重大立功表现相关证明材料的复印件。

第四条 人民检察院报请备案审查暂予监外执行案件，应当填写备案审查登记表，并附下列材料的复印件：

（一）刑罚执行机关提请暂予监外执行意见书或者审批表；

（二）决定或者批准机关暂予监外执行决定书；

（三）人民检察院向刑罚执行机关、暂予监外执行决定或者批准机关提出的书面意见；

（四）罪犯的病情诊断、鉴定意见以及相关证明材料。

第五条 上级人民检察院认为有必要的，可以要求下级人民检察院补报相关材料。下级人民检察院应当在收到通知后三日以内，按照要求报送。

第六条 最高人民检察院和省级人民检察院收到备案审查材料后，应当指定专人进行登记和审查，并在收到材料后十日以内，分别作出以下处理：

（一）对于职务犯罪罪犯减刑、假释、暂予监外执行不当的，应当通知下级人民检察院依法向有关单位提出纠正意见。其中，省级人民检察院认为高级人民法院作出的减刑、假释裁定或者省级监狱管理局、省级公安厅（局）作出的暂予监外执行决定不当的，应当依法提出纠正意见；

（二）对于职务犯罪罪犯减刑、假释、暂予监外执行存在疑点或者可能存在违法违规问题的，应当通知下级人民检察院依法进行调查核实。

第七条 下级人民检察院收到上级人民检察院对备案审查材料处理意见的通知后,应当立即执行,并在收到通知后三十日以内,报告执行情况。

第八条 省级人民检察院应当将本年度原县处级以上职务犯罪罪犯减刑、假释、暂予监外执行的名单,以及本年度职务犯罪罪犯减刑、假释、暂予监外执行的数量和比例对比情况,与人民法院、公安机关、监狱管理机关等有关单位核对后,于次年一月底前,报送最高人民检察院。

第九条 对于职务犯罪罪犯减刑、假释、暂予监外执行的比例明显高于其他罪犯的相应比例的,人民检察院应当对职务犯罪罪犯减刑、假释、暂予监外执行案件进行逐案复查,查找和分析存在的问题,依法向有关单位提出意见或者建议。

第十条 最高人民检察院和省级人民检察院应当每年对职务犯罪罪犯减刑、假释、暂予监外执行情况进行分析和总结,指导和督促下级人民检察院落实有关要求。

第十一条 本规定中的职务犯罪,是指贪污贿赂犯罪,国家工作人员的渎职犯罪,国家机关工作人员利用职权实施的非法拘禁、非法搜查、刑讯逼供、暴力取证、虐待被监管人、报复陷害、破坏选举的侵犯公民人身权利、公民民主权利的犯罪。

第十二条 本规定自发布之日起施行。

最高人民法院关于办理减刑、假释案件具体应用法律的规定

(2016年9月19日最高人民法院审判委员会第1693次会议通过,自2017年1月1日起施行 法释〔2016〕23号)

第一条 减刑、假释是激励罪犯改造的刑罚制度,减刑、假释的适用应当贯彻宽严相济刑事政策,最大限度地发挥刑罚的功能,实现刑罚的目的。

第二条 对于罪犯符合刑法第七十八条第一款规定"可以减刑"条件的案件,在办理时应当综合考察罪犯犯罪的性质和具体情节、社会危害程度、原判刑罚及生效裁判中财产性判项的履行情况、交付执行后的一贯表现等因素。

第三条 "确有悔改表现"是指同时具备以下条件:(一)认罪悔罪;(二)遵守法律法规及监规,接受教育改造;(三)积极参加思想、文化、职业技术教育;(四)积极参加劳动,努力完成劳动任务。对职务犯罪、破坏金融管理秩序和金融诈骗犯罪、组织(领导、参加、包庇、纵容)黑社会性质组织犯罪等罪犯,不积极退赃、协助追缴赃款赃物、赔偿损失,或者服刑期间利用个人影响力和社会关系等不正当手段意图获得减刑、假释的,不认定其"确有悔改表现"。罪犯在刑罚执行期间的申诉权利应当依法保护,对其正当申诉不能不加分析地认为是不认罪

悔罪。

第四条 具有下列情形之一的，可以认定为有"立功表现"：（一）阻止他人实施犯罪活动的；（二）检举、揭发监狱内外犯罪活动，或者提供重要的破案线索，经查证属实的；（三）协助司法机关抓捕其他犯罪嫌疑人的；（四）在生产、科研中进行技术革新，成绩突出的；（五）在抗御自然灾害或者排除重大事故中，表现积极的；（六）对国家和社会有其他较大贡献的。

第五条 具有下列情形之一的，应当认定为有"重大立功表现"：（一）阻止他人实施重大犯罪活动的；（二）检举监狱内外重大犯罪活动，经查证属实的；（三）协助司法机关抓捕其他重大犯罪嫌疑人的；（四）有发明创造或者重大技术革新的；（五）在日常生产、生活中舍己救人的；（六）在抗御自然灾害或者排除重大事故中，有突出表现的；（七）对国家和社会有其他重大贡献的。

第六条 被判处有期徒刑的罪犯减刑起始时间为：不满五年有期徒刑的，应当执行一年以上方可减刑；五年以上不满十年有期徒刑的，应当执行一年六个月以上方可减刑；十年以上有期徒刑的，应当执行二年以上方可减刑。有期徒刑减刑的起始时间自判决执行之日起计算。确有悔改表现或者有立功表现的，一次减刑不超过九个月有期徒刑；确有悔改表现并有立功表现的，一次减刑不超过一年有期徒刑；有重大立功表现的，一次减刑不超过一年六个月有期徒刑；确有悔改表现并有重大立功表现的，一次减刑不超过二年有期徒刑。被判处不满十年有期徒刑的罪犯，两次减刑间隔时间不得少于一年；被判处十年以上有期徒刑的罪犯，两次减刑间隔时间不得少于一年六个月。减刑间隔时间不得低于上次减刑减去的刑期。罪犯有重大立功表现的，可以不受上述减刑起始时间和间隔时间的限制。

第七条 对符合减刑条件的职务犯罪罪犯，破坏金融管理秩序和金融诈骗犯罪罪犯，组织、领导、参加、包庇、纵容黑社会性质组织犯罪罪犯，危害国家安全犯罪罪犯，恐怖活动犯罪罪犯，毒品犯罪集团的首要分子及毒品再犯，累犯，确有履行能力而不履行或者不全部履行生效裁判中财产性判项的罪犯，被判处十年以下有期徒刑的，执行二年以上方可减刑，减刑幅度应当比照本规定第六条从严掌握，一次减刑不超过一年有期徒刑，两次减刑之间应当间隔一年以上。对被判处十年以上有期徒刑的前款罪犯，以及因故意杀人、强奸、抢劫、绑架、放火、爆炸、投放危险物质或者有组织的暴力性犯罪被判处十年以上有期徒刑的罪犯，数罪并罚且其中两罪以上被判处十年以上有期徒刑的罪犯，执行二年以上方可减刑，减刑幅度应当比照本规定第六条从严掌握，一次减刑不超过一年有期徒刑，两次减刑之间应当间隔一年六个月以上。罪犯有重大立功表现的，可以不受上述减刑起始时间和间隔时间的限制。

第八条 被判处无期徒刑的罪犯在刑罚执行期间，符合减刑条件的，执行二年以上，可以减刑。减刑幅度为：确有悔改表现或者有立功表现的，可以减为二十二年有期徒刑；确有悔改表现并有立功表现的，可以减为二十一年以上二十二年以下有期徒刑；有重大立功表现的，可以减为二十年以上二十一年以下有期徒刑；确有悔改表现并有重大立功表现的，可以减为十九年以上二十年以下有期徒刑。无期徒刑罪犯减为有期徒刑后再减刑时，减刑幅度依照本规定第六条的规定执行。两次减刑间隔时间不得少于二年。罪犯有重大立功表现的，可以不受上述减刑起始时间和间隔时间的限制。

第九条 对被判处无期徒刑的职务犯罪罪犯，破坏金融管理秩序和金融诈骗犯罪罪犯，组织、领导、参加、包庇、纵容黑社会性质组织犯罪罪犯，危害国家安全犯罪罪犯，恐怖活动犯罪罪犯，毒品犯罪集团的首要分子及毒品再犯，累犯以及因故意杀人、强奸、抢劫、绑架、放火、爆炸、投放危险物质或者有组织的暴力性犯罪的罪犯，确有履行能力而不履行或者不全部履行生效裁判中财产性判项的罪犯，数罪并罚被判处无期徒刑的罪犯，符合减刑条件的，执行三年以上方可减刑，减刑幅度应当比照本规定第八条从严掌握，减刑后的刑期最低不得少于二十年有期徒刑；减为有期徒刑后再减刑时，减刑幅度比照本规定第六条从严掌握，一次不超过一年有期徒刑，两次减刑之间应当间隔二年以上。罪犯有重大立功表现的，可以不受上述减刑起始时间和间隔时间的限制。

第十条 被判处死刑缓期执行的罪犯减为无期徒刑后，符合减刑条件的，执行三年以上方可减刑。减刑幅度为：确有悔改表现或者有立功表现的，可以减为二十五年有期徒刑；确有悔改表现并有立功表现的，可以减为二十四年以上二十五年以下有期徒刑；有重大立功表现的，可以减为二十三年以上二十四年以下有期徒刑；确有悔改表现并有重大立功表现的，可以减为二十二年以上二十三年以下有期徒刑。被判处死刑缓期执行的罪犯减为有期徒刑后再减刑时，比照本规定第八条的规定办理。

第十一条 对被判处死刑缓期执行的职务犯罪罪犯，破坏金融管理秩序和金融诈骗犯罪罪犯，组织、领导、参加、包庇、纵容黑社会性质组织犯罪罪犯，危害国家安全犯罪罪犯，恐怖活动犯罪罪犯，毒品犯罪集团的首要分子及毒品再犯，累犯以及因故意杀人、强奸、抢劫、绑架、放火、爆炸、投放危险物质或者有组织的暴力性犯罪的罪犯，确有履行能力而不履行或者不全部履行生效裁判中财产性判项的罪犯，数罪并罚被判处死刑缓期执行的罪犯，减为无期徒刑后，符合减刑条件的，执行三年以上方可减刑，一般减为二十五年有期徒刑，有立功表现或者重大立功表现的，可以比照本规定第十条减为二十三年以上二十五年以下有期徒刑；减为有期徒刑后再减刑时，减刑幅度比照本规定第六条从严掌握，一次不超过一年有期徒刑，两次减刑之间应当间隔二年以上。

第十二条 被判处死刑缓期执行的罪犯经过一次或者几次减刑后，其实际执行的刑期不得少于十五年，死刑缓期执行期间不包括在内。死刑缓期执行罪犯在缓期执行期间不服从监管、抗拒改造，尚未构成犯罪的，在减为无期徒刑后再减刑时应当适当从严。

第十三条 被限制减刑的死刑缓期执行罪犯，减为无期徒刑后，符合减刑条件的，执行五年以上方可减刑。减刑间隔时间和减刑幅度依照本规定第九条的规定执行。

第十四条 被限制减刑的死刑缓期执行罪犯，减为有期徒刑后再减刑时，一次减刑不超过六个月有期徒刑，两次减刑间隔时间不得少于二年。有重大立功表现的，间隔时间可以适当缩短，但一次减刑不超过一年有期徒刑。

第十五条 对被判处终身监禁的罪犯，在死刑缓期执行期满依法减为无期徒刑的裁定中，应当明确终身监禁，不得再减刑或者假释。

第十六条 被判处管制、拘役的罪犯，以及判决生效后剩余刑期不满二年有期徒刑的罪犯，符合减刑条件的，可以酌情减刑，减刑起始时间可以适当缩短，但实际执行的刑期不得少于原判刑期的二分之一。

第十七条 被判处有期徒刑罪犯减刑时，对附加剥夺政治权利的期限可以酌减。酌减后剥夺政治权利的期限，不得少于一年。被判处死刑缓期执行、无期徒刑的罪犯减为有期徒刑时，应当将附加剥夺政治权利的期限减为七年以上十年以下，经过一次或者几次减刑后，最终剥夺政治权利的期限不得少于三年。

第十八条 被判处拘役或者三年以下有期徒刑，并宣告缓刑的罪犯，一般不适用减刑。前款规定的罪犯在缓刑考验期内有重大立功表现的，可以参照刑法第七十八条的规定予以减刑，同时应当依法缩减其缓刑考验期。缩减后，拘役的缓刑考验期限不得少于二个月，有期徒刑的缓刑考验期限不得少于一年。

第十九条 对在报请减刑前的服刑期间不满十八周岁，且所犯罪行不属于刑法第八十一条第二款规定情形的罪犯，认罪悔罪，遵守法律法规及监规，积极参加学习、劳动，应当视为确有悔改表现。对上述罪犯减刑时，减刑幅度可以适当放宽，或者减刑起始时间、间隔时间可以适当缩短，但放宽的幅度和缩短的时间不得超过本规定中相应幅度、时间的三分之一。

第二十条 老年罪犯、患严重疾病罪犯或者身体残疾罪犯减刑时，应当主要考察其认罪悔罪的实际表现。对基本丧失劳动能力，生活难以自理的上述罪犯减刑时，减刑幅度可以适当放宽，或者减刑起始时间、间隔时间可以适当缩短，但放宽的幅度和缩短的时间不得超过本规定中相应幅度、时间的三分之一。

第二十一条 被判处有期徒刑、无期徒刑的罪犯在刑罚执行期间又故意犯罪，新罪被判处有期徒刑的，自新罪判决确定之日起三年内不予减刑；新罪被判处无期徒刑的，自新罪判决确定之日起四年内不予减刑。罪犯在死刑缓期执行期间又故意犯罪，未被执行死刑的,死刑缓期执行的期间重新计算,减为无期徒刑后,五年内不予减刑。被判处死刑缓期执行罪犯减刑后,在刑罚执行期间又故意犯罪的,依照第一款规定处理。

第二十二条 办理假释案件,认定"没有再犯罪的危险",除符合刑法第八十一条规定的情形外,还应当根据犯罪的具体情节、原判刑罚情况、在刑罚执行中的一贯表现,罪犯的年龄、身体状况、性格特征,假释后生活来源以及监管条件等因素综合考虑。

第二十三条 被判处有期徒刑的罪犯假释时,执行原判刑期二分之一的时间,应当从判决执行之日起计算,判决执行以前先行羁押的,羁押一日折抵刑期一日。被判处无期徒刑的罪犯假释时,刑法中关于实际执行刑期不得少于十三年的时间,应当从判决生效之日起计算。判决生效以前先行羁押的时间不予折抵。被判处死刑缓期执行的罪犯减为无期徒刑或者有期徒刑后,实际执行十五年以上,方可假释,该实际执行时间应当从死刑缓期执行期满之日起计算。死刑缓期执行期间不包括在内,判决确定以前先行羁押的时间不予折抵。

第二十四条 刑法第八十一条第一款规定的"特殊情况",是指有国家政治、国防、外交等方面特殊需要的情况。

第二十五条 对累犯以及因故意杀人、强奸、抢劫、绑架、放火、爆炸、投放危险物质或者有组织的暴力性犯罪被判处十年以上有期徒刑、无期徒刑的罪犯,不得假释。因前款情形和犯罪被判处死刑缓期执行的罪犯,被减为无期徒刑、有期徒刑后,也不得假释。

第二十六条 对下列罪犯适用假释时可以依法从宽掌握:
(一)过失犯罪的罪犯、中止犯罪的罪犯、被胁迫参加犯罪的罪犯；（二）因防卫过当或者紧急避险过当而被判处有期徒刑以上刑罚的罪犯；（三）犯罪时未满十八周岁的罪犯；（四）基本丧失劳动能力、生活难以自理，假释后生活确有着落的老年罪犯、患严重疾病罪犯或者身体残疾罪犯；（五）服刑期间改造表现特别突出的罪犯；（六）具有其他可以从宽假释情形的罪犯。罪犯既符合法定减刑条件，又符合法定假释条件的，可以优先适用假释。

第二十七条 对于生效裁判中有财产性判项，罪犯确有履行能力而不履行或者不全部履行的，不予假释。

第二十八条 罪犯减刑后又假释的，间隔时间不得少于一年；对一次减去一年以上有期徒刑后，决定假释的，间隔时间不得少于一年六个月。罪犯减刑后余刑不足二年，决定假释的，可以适当缩短间隔时间。

第二十九条 罪犯在假释考验期内违反法律、行政法规或者国务院有关部门关于假释的监督管理规定的，作出假释裁定的人民法院，应当在收到报请机关或者检察机关撤销假释建议书后及时审查，作出是否撤销假释的裁定，并送达报请机关，同时抄送人民检察院、公安机关和原刑罚执行机关。罪犯在逃的，撤销假释裁定书可以作为对罪犯进行追捕的依据。

第三十条 依照刑法第八十六条规定被撤销假释的罪犯，一般不得再假释。但依照该条第二款被撤销假释的罪犯，如果罪犯对漏罪曾作如实供述但原判未予认定，或者漏罪系其自首，符合假释条件的，可以再假释。被撤销假释的罪犯，收监后符合减刑条件的，可以减刑，但减刑起始时间自收监之日起计算。

第三十一条 年满八十周岁、身患疾病或者生活难以自理、没有再犯罪危险的罪犯，既符合减刑条件，又符合假释条件的，优先适用假释；不符合假释条件的，参照本规定第二十条有关的规定从宽处理。

第三十二条 人民法院按照审判监督程序重新审理的案件，裁定维持原判决、裁定的，原减刑、假释裁定继续有效。再审裁判改变原判决、裁定的，原减刑、假释裁定自动失效，执行机关应当及时报请有管辖权的人民法院重新作出是否减刑、假释的裁定。重新作出减刑裁定时，不受本规定有关减刑起始时间、间隔时间和减刑幅度的限制。重新裁定时应综合考虑各方面因素，减刑幅度不得超过原裁定减去的刑期总和。再审改判为死刑缓期执行或者无期徒刑的，在新判决减为有期徒刑之时，原判决已经实际执行的刑期一并扣减。再审裁判宣告无罪的，原减刑、假释裁定自动失效。

第三十三条 罪犯被裁定减刑后，刑罚执行期间因故意犯罪而数罪并罚时，经减刑裁定减去的刑期不计入已经执行的刑期。原判死刑缓期执行减为无期徒刑、有期徒刑，或者无期徒刑减为有期徒刑的裁定继续有效。

第三十四条 罪犯被裁定减刑后，刑罚执行期间因发现漏罪而数罪并罚的，原减刑裁定自动失效。如漏罪系罪犯主动交代的，对其原减去的刑期，由执行机关报请有管辖权的人民法院重新作出减刑裁定，予以确认；如漏罪系有关机关发现或者他人检举揭发的，由执行机关报请有管辖权的人民法院，在原减刑裁定减去的刑期总和之内，酌情重新裁定。

第三十五条 被判处死刑缓期执行的罪犯，在死刑缓期执行期内被发现漏罪，依据刑法第七十条规定数罪并罚，决定执行死刑缓期执行的，死刑缓期执行期间自新判决确定之日起计算，已经执行的死刑缓期执行期间计入新判决的死刑缓期执行期间内，但漏罪被判处死刑缓期执行的除外。

第三十六条 被判处死刑缓期执行的罪犯，在死刑缓期执行期满后被发现漏罪，依据刑法第七十条规定数罪并罚，决定执行死刑缓期执行的，交付执行时对罪犯实际执行无期徒刑，死缓考验期不再执行，但漏罪被判处死刑缓期执行的除外。在无期徒刑减为有期徒刑时，前罪死刑缓期执行减为无期徒刑之日起至新判决生效之日止已经实际执行的刑期，应当计算在减刑裁定决定执行的刑期以内。原减刑裁定减去的刑期依照本规定第三十四条处理。

第三十七条 被判处无期徒刑的罪犯在减为有期徒刑后因发现漏罪，依据刑法第七十条规定数罪并罚，决定执行无期徒刑的，前罪无期徒刑生效之日起至新判决生效之日止已经实际执行的刑期，应当在新判决的无期徒刑减为有期徒刑时，在减刑裁定决定执行的刑期内扣减。无期徒刑罪犯减为有期徒刑后因发现漏罪判处三年有期徒刑以下刑罚，数罪并罚决定执行无期徒刑的，在新判决生效后执行一年以上，符合减刑条件的，可以减为有期徒刑，减刑幅度依照本规定第八条、第九条的规定执行。原减刑裁定减去的刑期依照本规定第三十四条处理。

第三十八条 人民法院作出的刑事判决、裁定发生法律效力后，在依照刑事诉讼法第二百五十三条、第二百五十四条的规定将罪犯交付执行刑罚时，如果生效裁判中有财产性判项，人民法院应当将反映财产性判项执行、履行情况的有关材料一并随案移送刑罚执行机关。罪犯在服刑期间本人履行或者其亲属代为履行生效裁判中财产性判项的，应当及时向刑罚执行机关报告。刑罚执行机关报请减刑时应随案移送以上材料。人民法院办理减刑、假释案件时，可以向原一审人民法院核实罪犯履行财产性判项的情况。原一审人民法院应当出具相关证明。刑罚执行期间，负责办理减刑、假释案件的人民法院可以协助原一审人民法院执行生效裁判中的财产性判项。

第三十九条 本规定所称"老年罪犯"，是指报请减刑、假释时年满六十五周岁的罪犯。本规定所称"患严重疾病罪犯"，是指因患有重病，久治不愈，而不能正常生活、学习、劳动的罪犯。本规定所称"身体残疾罪犯"，是指因身体有肢体或者器官残缺、功能不全或者丧失功能，而基本丧失生活、学习、劳动能力的罪犯，但是罪犯犯罪后自伤致残的除外。对刑罚执行机关提供的证明罪犯患有严重疾病或者有身体残疾的证明文件，人民法院应当审查，必要时可以委托有关单位重新诊断、鉴定。

第四十条 本规定所称"判决执行之日"，是指罪犯实际送交刑罚执行机关之日。本规定所称"减刑间隔时间"，是指前一次减刑裁定送达之日起至本次减刑报请之日止的期间。

第四十一条 本规定所称"财产性判项"是指判决罪犯承担的附带民事赔偿义务判项，以及追缴、责令退赔、罚金、没收财产等判项。

第四十二条 本规定自2017年1月1日起施行。以前发布的司法解释与本规定不一致的，以本规定为准。

图书在版编目（CIP）数据

最高人民检察院第十九批指导性案例适用指引. 刑罚变更执行检察／最高人民检察院第五检察厅编著. —北京：中国检察出版社，2020.10
  ISBN 978－7－5102－2486－7

  Ⅰ.①最… Ⅱ.①最… Ⅲ.①案例－汇编－中国②刑事诉讼－执行（法律）－案例－中国 Ⅳ.①D920.5

  中国版本图书馆 CIP 数据核字（2020）第 172847 号

最高人民检察院第十九批指导性案例适用指引（刑罚变更执行检察）
最高人民检察院第五检察厅　编著

出版发行	中国检察出版社
社　　址	北京市石景山区香山南路 109 号（100144）
网　　址	中国检察出版社（www.zgjccbs.com）
编辑电话	（010）86423709
发行电话	（010）86423726　86423727　86423728
	（010）86423730　68650016
经　　销	新华书店
印　　刷	北京宝昌彩色印刷有限公司
开　　本	710 mm×960 mm　16 开
印　　张	17
字　　数	196 千字
版　　次	2020 年 10 月第一版　2020 年 10 月第一次印刷
书　　号	ISBN 978－7－5102－2486－7
定　　价	58.00 元

检察版图书，版权所有，侵权必究
如遇图书印装质量问题本社负责调换